图解服务的细节
136

お客様に嫌がられる接客　喜ばれる接客

提高成交率的 50个 销售技巧

［日］平山枝美 著
［日］KITAHAR KENTA 绘
韩冰 译

人民东方出版传媒
People's Oriental Publishing & Media
東方出版社
The Oriental Press

前言
PREFACE

无需强行推销也能提高销售额

当你与顾客搭话时，他们只会惊讶地"啊"一声。

当你询问顾客问题时，他们只会用"嗯"来敷衍。

当你向顾客介绍产品时，他们只会用"哦"来回应。

如果你被这些问题所困扰，那么可以在服务的方式上做出一些改变，从而获得与顾客沟通的乐趣，并提高你的销售额。

我自己曾经也很不擅长与顾客沟通。

当我出于好心，告诉顾客某样产品"价格很优惠"或"很让人显年轻"时，顾客却只是报以苦笑；有时我又太拘谨，不敢提出建议，导致销售迟迟没有起色。

"服务顾客真的好难。也许我不适合做这一行……"

当我正要这么想的时候，一位我尊敬的前辈同事给了我一些建议。

他说:"**不要去想自己应该如何销售,而要思考顾客想要什么样的服务,怎样才能让他们满意。如果不转变成这样的思维方式,销售业绩就不会提高。**"

这番话启发了我,让我开始关注顾客的处境和感受,也让我开始检讨自己在服务顾客时的行为和语言。

后来,我的销售业绩果然变得越来越好。

这本书包含了许多导购员经常会遇到的棘手的场景。从刚开始在门店工作的人,到已经在导购领域工作多年、但仍然缺乏信心的人,均有涉及。

本书配备了生动的插图,**让"顾客不满的服务"和"顾客满意的服务"之间的区别一目了然**。读者结合说明文字,还可以学到一些马上就能在门店应用的服务用语。

我把自己在服装店、家居店和杂货店工作的经验,以及给体育用品店和美容院培训的经验,都写在了这本书里,我相信它对各行各业的读者都会有所帮助。

本书将帮助你了解,**在考虑顾客感受的同时,怎样才能让他们愿意购买。这样一来,不需要强行推销,也能够提高销售额**。通过本书,你将能够学到让顾客满意的服务技巧,让他们乐于接受你的搭话，以及你对于产品的推荐。从而，让顾客微笑着说："我想从你这里买东西""我也想要这个""我还会再来的"，销售额、重访率和顾客人数等数值也会随之上升。

最重要的是，**为顾客服务将变得更加愉快**。

我希望能够以本书为契机，让各位践行"令顾客满意的服务"，让更多的门店充满顾客的感谢之声。

平山枝美

目录
CONTENTS

第1章
顾客喜欢的搭话方式和不喜欢的搭话方式

01 如果有顾客经过店门口 ················· 002

|不满| 导购赶忙开始招呼顾客 ················· 002

|满意| 导购不招呼顾客,而是手脚麻利地
做自己的事 ················· 003

02 在打招呼前,观察顾客时 ················· 006

|不满| 只在顾客拿起产品的时候,才关注他们 ·········· 006

|满意| 观察顾客,找到话题的"切入点" ············ 007

03 与顾客搭话时 ················· 010

|不满| 注意不到"顾客需要服务"的信号 ·········· 010

|满意| 注意到了"顾客需要服务"的信号 …………… 011

04 顾客表现出"愿意接受服务"后…………… 014

|不满| 产品的介绍冗长又啰唆 ……………………… 014
|满意| 用简练的语言,介绍产品的优点 …………… 015

05 向顾客推荐"其他颜色"时 ………………… 018

|不满| 忽略顾客正在查看的颜色 …………………… 018
|满意| 肯定顾客正在看的颜色 ……………………… 019

06 如果顾客把产品拿在手里,互相比较着 …… 022

|不满| 导购员过来搭话,却忽视顾客的行为 ……… 022
|满意| 导购员过来搭话时,会结合顾客的行为 …… 023

07 如果第一次搭话时,顾客的反应很冷淡 …… 026

|不满| 顾客没有反应,就放弃和他们搭话 ………… 026
|满意| 制定一个搭话的原则 ………………………… 027

08 当顾客反复查看同一件产品,表现出对其
感兴趣时 ……………………………………… 030

|不满| 搭话时,非要揭露顾客内心的想法 ………… 030
|满意| 搭话时,只与顾客谈论"产品" …………… 031

09 当你想介绍产品的优点时 …………………… 034

II

目 录

|不满| 先介绍产品在细节上的亮点 ·················· 034

|满意| 用简练的话说出产品最吸引人的亮点 ·········· 035

10 在收银台结算完一笔交易后 ·················· 038

|不满| 在收银台回味成就感 ························ 038

|满意| 马上确认其他顾客的情况 ···················· 039

专栏 1 配合顾客的兴致 ······························ 042

第 2 章
顾客喜欢的询问方式和不喜欢的询问方式

11 想要了解顾客的需求时 ······················ 046

|不满| 随意地提出问题 ···························· 046

|满意| 带着目的提出问题 ·························· 047

12 如果你从顾客当天的衣着打扮中得到了一些信息 ··· 050

|不满| 根据顾客当天的穿着,为其提供服务 ·········· 050

|满意| 确认他们平时的习惯 ························ 051

13 当你想了解顾客的生活方式时 ················ 054

|不满| 只一味地问问题而不闲聊 ···················· 054

III

|满意| 与顾客聊天，自然地引出他们的需求 ············· 055

14 如果顾客正在寻找一款特定的产品 ············· 058

|不满| 按照顾客的描述，帮他们寻找产品 ············· 058

|满意| 询问顾客"为什么想要购买它"，然后再提出
建议 ··· 059

15 在询问顾客为什么想要购买这个产品时 ············· 062

|不满| 一直问"为什么？" ································· 062

|满意| 迂回地询问"是因为____吗"，从而确认顾客购买
产品的理由 ··· 063

16 当你想让对话进行下去时 ··· 066

|不满| 没有设计好话题，让双方变得无话可说 ············· 066

|满意| 预设好情景，再进行询问 ································· 067

17 当你想了解更详细的信息时 ··· 070

|不满| 问一些模糊的问题，如"您有什么想法吗？" ······ 070

|满意| 通过"举例"来打探更详细的信息 ··············· 071

18 在推荐搭配方案时，如果顾客说，"我家有
好几种____" ·· 074

|不满| 拿起手边的产品，随意搭配 ··························· 074

| 满意 | 以商店里的产品为样板，确认具体的样子 ········· 075

19 当你想结合顾客需求，介绍产品的优势时 ············ 078

| 不满 | 以自己的经验为准，自说自话 ··················· 078

| 满意 | 确认顾客使用产品时的具体情况 ················ 079

20 当顾客想淘汰旧产品，购买新产品时 ············· 082

| 不满 | 什么都不问，直接介绍产品 ···················· 082

| 满意 | 询问顾客正在使用的产品的优点和缺点 ········· 083

专栏2 "硬推销"和"推荐"之间有什么区别？ ·········· 086

第3章
顾客喜欢的推荐方式和不喜欢的推荐方式

21 在推荐产品使用的场景时 ························· 090

| 不满 | 只提供"模糊的场景" ························· 090

| 满意 | 改成"具体的场景" ··························· 091

22 当顾客对你推荐的产品反应冷淡时 ··············· 094

| 不满 | 立即收回反响不佳的产品 ······················ 094

| 满意 | 就算反响不佳，也把产品放在一个明显的位置 ··· 095

V

23 当你为顾客提供搭配建议时 ········· 098

|不满| 当顾客提出"我家没有____"时，立即放弃推荐 ········· 098

|满意| 询问"您家有____吗？"，并顺便推荐产品 ········· 099

24 当你向顾客推荐新款产品时 ········· 102

|不满| 只介绍新款的优点 ········· 102

|满意| 一边与"老款"相比较，一边进行介绍 ········· 103

25 当你向顾客介绍同质化的产品时 ········· 106

|不满| 使用雷同的介绍语，让顾客看不出区别 ········· 106

|满意| 彰显"自家的独特之处" ········· 107

26 当你向顾客展示库存的产品时 ········· 110

|不满| 勉勉强强地展示，主动提及"这可能不符合您的喜好" ········· 110

|满意| 自信地展示，积极地"推荐" ········· 111

27 当你想告诉顾客产品的价格很"划算"时 ········· 114

|不满| 一直强调"便宜"或"划算" ········· 114

|满意| 创造机会，让顾客能看到价格 ········· 115

目 录

28 当你知道了顾客的预算后 ·················· 118

|不满| 只向顾客介绍符合他们预算的产品 ············ 118

|满意| 同时推荐一些超出预算的产品 ················ 119

29 当销售额（客单价）没有增加时 ············ 122

|不满| 认定"太贵的产品不容易卖出去" ············ 122

|满意| 向顾客说明产品适合他的理由 ················ 123

30 当店里只剩下样品时 ························ 126

|不满| 只告诉顾客，"这是最后一件了" ············ 126

|满意| 尽最大努力提供"解决方案" ················ 127

专栏3　当店里缺货时，要确认清楚顾客何时需要 ········ 130

第 4 章
顾客喜欢的措辞和不喜欢的措辞

31 当你想向顾客推荐一个更合适的产品时 ·············· 134

|不满| 推荐时一味迎合顾客的喜好 ·················· 134

|满意| 告诉顾客你还推荐这款产品，并说明原因 ········ 135

32 在推荐帮助顾客改善个人问题的产品时 ·············· 138

VII

|不满| 直截了当地讲解产品的功能或效果 ………… 138

|满意| 从自己的角度或立场，来讲解产品的

功能或效果 ……………………………… 139

33 当你想告诉顾客在使用产品后，他们发生的
变化时 ……………………………………… 142

|不满| 贸然地赞美顾客："您这样很显年轻。" ………… 142

|满意| 使用"您看起来更年轻了！"这样的措辞，

来告诉顾客发生了变化 ………………… 143

34 在向顾客介绍产品的卖点时 …………………… 146

|不满| 用顾客意料之中的话语来介绍 …………… 146

|满意| 介绍体验时的实际感受 …………………… 147

35 在向顾客推荐他不了解的产品时 ……………… 150

|不满| 用术语或行话进行讲解 …………………… 150

|满意| 用完全外行的人也能听懂的话语进行讲解 ……… 151

36 在介绍一个产品时，使用拟人化的称谓 ………… 154

|不满| 把产品称为"这个小家伙" ………………… 154

|满意| 介绍产品时，自然地表达出你对产品的喜爱 …… 155

37 充分地介绍"必要的信息" ……………………… 158

|不满| 用"所以……"结束一句话,而不把话
　　　 说清楚 ································· 158

|满意| 把"所以……"后面的内容补充完整 ······· 159

38 当你想介绍一个产品的亮点时 ············ 162

|不满| 一直称赞"很可爱" ····················· 162

|满意| 用其他词来代替"可爱" ················· 163

专栏 4　如果你一定要用"可爱"一词时 ········ 166

第 5 章
顾客喜欢的试穿(试用)方式和
不喜欢的试穿(试用)方式

39 当你推荐顾客试穿、试用时 ············· 170

|不满| 立刻建议说"您可以试一下" ············ 170

|满意| 激发顾客对产品的兴趣后,再推荐他们试穿、
　　　 试用产品 ····························· 171

40 在顾客试用产品时 ······················ 174

|不满| 只是静静地看着,什么都不说 ··········· 174

|满意| 配合顾客的行动与其交谈 ··············· 175

41 当顾客在试穿后，看起来神情不悦时 ·················· 178

|不满| 对顾客的介意之处不闻不问 ···················· 178

|满意| 消除顾客的介意之处 ·························· 179

42 在查看"尺寸是否合适"时 ························ 182

|不满| 询问顾客"您觉得怎么样？" ···················· 182

|满意| 主动帮助顾客查看试穿的效果 ·················· 183

43 当顾客从试衣间出来的时候 ······················ 186

|不满| 只顾着介绍"产品" ·························· 186

|满意| 把顾客和产品结合在一起 ······················ 187

44 当你想问试衣间里的顾客是否已经换好了衣服 ······ 190

|不满| 询问："您试穿的感觉如何？" ·················· 190

|满意| 直接询问："您换完衣服了吗？" ················ 191

45 当顾客正在试穿时 ······························ 194

|不满| 只依靠"顾客的感觉" ························ 194

|满意| 告诉他们"查看的重点" ······················ 195

专栏5　当顾客在试衣间内试穿服装时，
　　　　导购要做什么？ ······························ 198

X

第6章
顾客喜欢的接待方式和不喜欢的接待方式

46 当顾客说"想再转转"时 ·············· 202

|不满| 用"就快没货了"来催促顾客购买 ············ 202

|满意| 告诉顾客你推荐它的理由，然后送顾客
离开 ·············· 203

47 当顾客每一件都想要，不知该如何选择时 ·········· 206

|不满| 告诉他们，"每一款都很推荐" ············ 206

|满意| 真诚地告诉顾客自己的意见 ············ 207

48 当顾客纠结许久，也无法做出决定时 ············ 210

|不满| 一直待在顾客身边，陪他们一起纠结 ·········· 210

|满意| 暂时离开，让顾客自己考虑一下 ············ 211

49 在收银台与顾客闲聊时 ············ 214

|不满| 询问顾客"接下来有什么安排？" ············ 214

|满意| 强调一遍你刚才告知顾客的内容 ············ 215

50 当你送顾客离店时 ············ 218

|不满| 用"套话"感谢顾客光顾 ································ 218

|满意| 用"你自己的话"感谢顾客光顾 ······················· 219

结语　思考"顾客想要什么样的服务？" ···················· 222

第 1 章

顾客喜欢的搭话方式和不喜欢的搭话方式

01 ▸ 如果有顾客经过店门口

不满 ▸ 导购赶忙开始招呼顾客

顾客感觉自己被当作了兜售产品的对象，所以不愿意进入这家店。

第1章 | 顾客喜欢的搭话方式和不喜欢的搭话方式

满意 — 导购不招呼顾客,而是手脚麻利地做自己的事

顾客更愿意进入看上去没有导购搭话、
可以独自慢慢逛的店。

不要急于招呼顾客

当有顾客从店门口经过时,你是否会赶忙开始招呼他们,大喊"有客到!"呢?

如果顾客觉得自己被当作了兜售产品的对象,那么当导购员招呼他们时,他们反而更加不愿意进店。

与其在看到顾客时急忙招呼他们,不如试着营造这样一种氛围:导购员一边整理产品陈列,**一边做着自然的微笑和轻快的动作,让顾客没有负担地走入店内。**

有一次,我在店里值早班。我们这家店刚刚开业,店外的过道空无一人,冷冷清清。

这时,有两名顾客从店门口走过。我立即向他们招呼道"欢迎光临",但他们尴尬地相互看了看,然后迅速离开了。

还有一次,我接到总部打来的电话,询问一种产品的情况,当我忙着查找店里的产品时,却发现有几个顾客进入了店里。或许是他们看到了我忙碌的样子,觉得可以在不被导购员搭话的情况下独自慢慢逛，才愿意进店的吧。

于是我意识到，在顾客不多、店内安静的时间段，导购员专注于手头的工作，而不是强行招呼顾客，会让顾客更愿意进店。

让我们再次从顾客的角度思考一下，看看是否是自己的行为，导致了顾客不愿意进店。

02 在打招呼前，观察顾客时

不满 只在顾客拿起产品的时候，才关注他们

由于没有观察到其他方面，所以找不到合适的言辞招呼顾客。

第1章 | 顾客喜欢的搭话方式和不喜欢的搭话方式

满意 > 观察顾客，找到话题的"切入点"

导购可以根据顾客的表现来调整话术，
这样顾客就愿意接受你的服务

观察顾客时要注意的三个关键点

在与顾客搭话之前，导购要观察他们的哪些方面呢？

与顾客搭话的技巧在于，要把握他们的感受或内心的想法。如果你只在顾客拿起产品时才关注他们，就会错过他们的感受。观察顾客的小动作、衣着和行为，能够让你深入了解他们内心的想法。

观察的方向主要有三点。

①他们是如何浏览产品的？

注意观察顾客关注产品的哪些方面。例如，如果一个顾客有把包包上下抬放的动作，那么可以推断他可能比较关心产品的重量。

②他们身上有什么样的配饰？

我们可以根据顾客身上的配饰来想象他们的喜好。例如，如果一个顾客身上的衣服很简约，他的手机壳却很有个性，那么，这个人很可能其实喜欢华丽可爱的东西。这时，导购在推荐产品的时候就有了方向，比如"您看色彩鲜艳的这一款怎么样"。

③他们怎样放回了产品？

例如，如果顾客拿起了一件产品仔细看了看，又放了回去，那么可以猜测他"有意愿购买"；或者如果他在查看了产品的某个部分（例如价格标签）后，立即把它放回，大概是"这个价格不合适，不准备购买"。

如果你仔细观察这三个方面，并展开你的想象，就会更容易知道何时以及如何与顾客搭话。

如果你能找到顾客感兴趣的话题，例如"您想了解一下长度吗？"，那么与他们沟通起来会更容易。

03 与顾客搭话时

不满 注意不到"顾客需要服务"的信号

导购应该从顾客的动作和眼神接触中，
注意到"需要服务"的信号

第1章 | 顾客喜欢的搭话方式和不喜欢的搭话方式

满意 > 注意到了"顾客需要服务"的信号

从顾客的动作和眼神接触中,注意到了"需要服务"的信号,并根据顾客的需求为其服务。

011

不要错过顾客发出的"需要服务"的信号

有时候,无论你怎么搭话,都无法从顾客那里得到积极的回应,这会让你觉得是自己做得不好。其中一个原因可能是,你没有注意到顾客给出的"需要服务"的信号。

和顾客搭话的时候,注意观察他们身体的朝向、点头的方式,以及视线等"信号",就可以冷静地判断是继续为他们服务还是离开。

有一次我在一家店里逛时,旁边的一位顾客被导购员搭话了。我注意到这位顾客从刚才就不停地拿起产品看看,又把它们放回去。我心想,他一定需要服务。

当导购员走过来打招呼时,顾客怀着欢迎的心情,微笑着将身体转向他,但不知为何,导购员说了一句"请慢慢看",就转身离开了。

顾客发出"需要服务"的信号,导购却没有注意到,这种情况时有发生。

导购员过来搭话,顾客却不与其进行眼神交流,而是默不作声地把产品放回原位，这种情况持续下去，导购员就会认为"无论如何也打动不了这个顾客"，进而转身离开。

但是，如果你冷静地观察顾客的行为，会发现有些顾客其实会给出一些信号，**表明他们希望导购员继续服务于自己，例如"将肩膀转向导购员""片刻的眼神交流"，或"没有把产品放回原位的迹象"**。

当导购员转身离开时，这些顾客会感到很失望。如果导购员做得不够周到，就会引起顾客的不满。所以应该观察顾客的动作，从而决定你要怎么做。

04 ▶ 顾客表现出"愿意接受服务"后

不满 ▶ 产品的介绍冗长又啰唆

如果导购员啰啰唆唆地说个不停，
会让顾客觉得很不耐烦。

第 1 章 | 顾客喜欢的搭话方式和不喜欢的搭话方式

满意 > 用简练的语言,介绍产品的优点

如果能用简练的语言,把产品的最大亮点概括出来,
就会让顾客愿意继续听下去。

介绍产品的亮点时，不要长篇大论

所谓"**抓重点式介绍**"，是指在与顾客搭话时，用简练的话描述产品的亮点，以吸引他们的兴趣。介绍产品时，不要长篇大论，而要尽量用简洁的话语来表述。

当我还是一个新人导购的时候，有一次，一位顾客拿起了一条裤子查看。于是，我上前搭话说："这条裤子很特别哦"，然后，顾客停下了手上的动作。

我接着说："这是××品牌的长裤，品牌的设计师目前很火，设计的版型都非常好看……"可随着介绍的进行，顾客却逐渐显现出兴致不高的样子来。

当我向另一位顾客介绍同样的产品时，我找不到更加高大上的解说词，于是就简单地介绍道："这条裤子的版型很好，很显身材哦！"结果反而引起了顾客的兴趣。

那时，我意识到，**用简练的话描述出产品的亮点，会更让顾客觉得受用**。

在打招呼之后,就用简短的话语概括出产品的优点。你会发现,当你用几个字介绍出产品的亮点时,例如,"这个包包非常轻便",顾客的兴趣一下子就被激发出来了。

使用简练的话语,能够表现出你对所推荐的产品充满信心,让顾客感到可靠和值得信赖,使他们愿意继续听你的介绍。

05 向顾客推荐"其他颜色"时

不满 ▷ 忽略顾客正在查看的颜色

> 我明明很喜欢这个颜色。

> 我们还有其他颜色。

顾客会觉得自己的偏好被否定了,心里想:"我手上的这件不好看吗?"

第1章 | 顾客喜欢的搭话方式和不喜欢的搭话方式

满意 > 肯定顾客正在看的颜色

> 您手上的这款颜色很漂亮,另外我们还有其他颜色可供挑选。

> 哇,真的是!

顾客可以将"自己喜欢的产品"与"导购推荐的产品"进行比较,然后购买他们更钟意的产品。

不要直接说"我们还有其他颜色"

看到顾客拿起一个产品时，很多导购往往会介绍道："我们还有其他颜色。"

然而，我并不建议这种做法。因为**有些顾客明明很喜欢手里的颜色，你却推荐其他颜色，这会让他们觉得自己的喜好和品位好像被否定了。**

在这种情况下，**最好先给予正面的反馈，比如："您手上的这款颜色很漂亮"，然后再告诉顾客，还有其他漂亮的颜色可供选择。**

有一次，我在杂货店里看到一个水壶，觉得它的颜色很不错，就拿起来端详。这时导购员走过来说："您手上的这款颜色很漂亮，另外我们还有没摆出来的其他颜色款，也都很好看。"

导购给我展示的产品中，有一种素雅的颜色，确实很漂亮。最后，我还是选购了我最初相中的那个颜色的水壶，不过有其他颜色可以比较，让我对这次的购物体验感到更加满意。

如果导购员一开始就告诉我，还有其他颜色可供选择，我可能会感到失望，导致放弃购买这个产品。

先肯定顾客手上的产品，然后告诉顾客还有其他颜色可供选择。通过这种方式，你就可以在和谐的气氛中提出建议。

关于服装尺码，也不要直接说："我们还有其他尺码"，而应该先说："不同的尺码可以展现不同的穿衣风格"，然后再告诉顾客："库里还有其他尺码，我马上给您调出来。"

与顾客搭话时，可以提供更多的选择，从而帮助他们选购到最满意的产品。

06 如果顾客把产品拿在手里，互相比较着

不满 导购员过来搭话，却忽视顾客的行为

> 可是我在纠结颜色啊！

> 哪种颜色更好看呢？

> 这款上衣很可爱吧？

发觉不到顾客正在关心的问题，会让人觉得这个导购不够机灵。

第1章 | 顾客喜欢的搭话方式和不喜欢的搭话方式

满意 > 导购员过来搭话时,会结合顾客的行为

> 他真善解人意!

> 是的呀!

> 您在纠结哪个颜色更好看吧?

善解人意的导购,会给人机灵、贴心的印象,让顾客愿意接受他的服务。

开门见山地介绍产品，能够取悦顾客

服务顾客时，需要遵循一些基本的步骤。

而在某些情况下，根据顾客的动作和面部表情，从一开始就直截了当地介绍产品并提出建议，可能会更令顾客满意。

那时，我在一家服装店的专柜做导购。有一次，我看到一位顾客正在拿着两条裤子比来比去，纠结是选择黑色还是海军蓝。

于是，我趁机和他搭话，以"这款裤子的样子很可爱"为开场白，顾客却给了我一个不耐烦的眼神。

在这位顾客的案例中，他已经决定购买这条裤子了，只不过在纠结是选择黑色还是海军蓝。

然而，由于我和他谈论了一个与颜色无关的话题，所以给了他一个没有眼色、不够贴心的印象。

这位顾客正在比较黑色和海军蓝的裤子，所以可以猜到他在纠结颜色。据此，我们可以直接搭话说："这两种颜色都很好看"，并紧接着建议："这个颜色更衬您的肤色。"

在与顾客交谈之前，仔细观察他们的一举一动，并猜测"他在纠结什么？"或"他更注重哪个方面？"。比如，如果看到顾客在翻看标签，就可以直接为顾客介绍衣服的面料等信息。

如果你能发现顾客急需的服务，并借此与顾客搭话，就会给人一种周到贴心的印象。

07 如果第一次搭话时，顾客的反应很冷淡

不满 ▸ 顾客没有反应，就放弃和他们搭话

唉……

一直盯着看

顾客一直盯着产品，但她刚才对我的反应很冷淡。

顾客对产品的兴趣正在增加，
你却错过了向他们搭话的时机。

第1章 | 顾客喜欢的搭话方式和不喜欢的搭话方式

满意 > 制定一个搭话的原则

顾客看这条裙子两次了,让我来和她聊聊吧。

这条裙子让人一眼就忘不掉呢!

是啊。

顾客对产品的兴趣正在增加,所以应该愿意听导购做介绍。

如果顾客第二次拿起产品,就可以再和他们搭话

如果你第一次与顾客搭话时,没有得到积极的回应,从而受其影响不敢向前,就很容易错过和顾客第二次搭话的机会。**你可以自己制定一个搭话的原则,例如,"如果顾客第二次拿起了产品,就与他们搭话"。**

当我还是新人时,我张不开口对顾客再次搭话。一想到第一次搭话时,顾客敷衍而冷淡的反应,我就顾虑重重,害怕再一次搭话会打扰他们。

有一次,一位顾客对我的第一次搭话反应不大,同时手里又拿着几条裙子在纠结。

我看到她在烦恼,于是就小心翼翼地对她说:"这条裙子让人一眼就忘不掉呢",此时,顾客的反应就比之前要积极许多。

这是因为,他们一直把产品拿在手里,就代表对产品产生了兴趣,愿意听导购对产品的介绍。

从那时起,**我通过观察顾客的行为和动作,慢慢摸索出了**

一些他们对产品产生了兴趣的"信号"，比如顾客第二次甚至多次拿起产品或拿着产品寻找镜子，或想要对包包的内部一探究竟，**这时我就会毫不犹豫地再一次和他们搭话。**

这样一来，不管什么样的顾客，都会和气地给我回应、愿意和我对话了。

与其从背后一直盯着顾客，不如制定一个搭话的原则。这样做会更容易抓住时机，让顾客愿意接受我们的服务。

08 当顾客反复查看同一件产品,表现出对其感兴趣时

不满 搭话时,非要揭露顾客内心的想法

> 您很喜欢这款产品呢。

自己的举动和感受仿佛都被人看穿了,让人觉得很不好意思和尴尬。

第 1 章 | 顾客喜欢的搭话方式和不喜欢的搭话方式

满意 搭话时，只与顾客谈论"产品"

> 这样的颜色搭配很少见，是吧？

> 没错！

谈论产品，能够让对话更顺利地进行，
也更容易打听到顾客的喜好。

如果直接点出"您很喜欢这款产品",会让人觉得尴尬

当顾客再次拿起同一产品时,如果导购直接点出"您很喜欢这款产品呢",就会让顾客感到尴尬,觉得自己的心思被人看穿了。

但如果导购只和顾客交流关于产品的感想,比如"这件产品让人眼前一亮",或"其实,我觉得＿＿＿＿这一点很适合您",就可以顺利地交谈下去。

有一次,我想买一个钱包。我看中了一款产品,把它拿起来看了看,又马上放了回去,然后我在店里逛了一圈后,又转回到了这款钱包的柜台。

这时候,刚才站在那里的导购就过来和我搭话说:"这款钱包的颜色搭配很让人惊艳,是吧?"

我也有同样的感受,于是就回答说:"是的,所以有点爱不释手了。"他接着说:"其实,我觉得这款钱包和您现在背的包搭在一起很好看。"接下来,我们就越聊越多了。

在与顾客第二次搭话时,不要直接点出顾客对产品喜爱的

事实，比如"您很喜欢这款产品，是吧"，而应该和顾客分享你对于产品的感想，比如"这件产品让人眼前一亮，是吧？"

如果你在开始搭话时，同顾客聊起产品的哪一点让人眼前一亮，哪个优点吸引了顾客的注意，就会更容易把握顾客的需求。

09 当你想介绍产品的优点时

不满 ▸ 先介绍产品在细节上的亮点

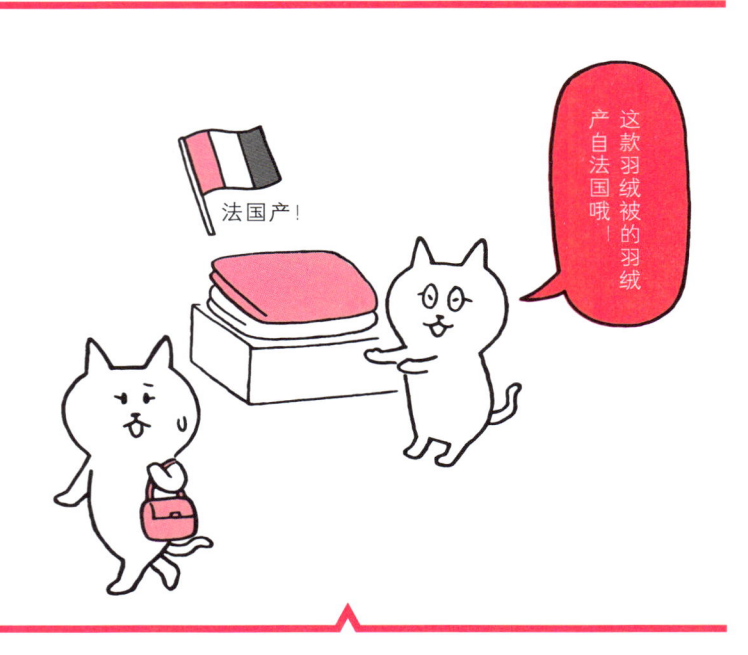

法国产！

这款羽绒被的羽绒产自法国哦！

除了特别讲究的人外，
没有人愿意一开始就了解产品的细节。

第 1 章 | 顾客喜欢的搭话方式和不喜欢的搭话方式

满意 > 用简练的话说出产品最吸引人的亮点

这款被子又轻又蓬松！

当你盖上它的那一刻,会体验到它的神奇之处！

柔软蓬松

真不错。这是为什么呢？

顾客一下被吸引住了,增加了对产品的兴趣。

035

不要一上来就介绍"原产地或材料"

初次搭话成功后，就可以结合顾客的兴趣，简短地介绍一下产品。这时，要想一想顾客会对产品的哪些方面感兴趣，并相应地选择你的介绍语。

有一次，我负责销售一款羽绒被。

我看到一名顾客拿起了产品，于是就走近他介绍道："这款被子的内胆专门选用了法国产的羽绒哦！"

但是，顾客看了我一眼，仿佛在说："那又怎么样？"并马上又将视线转回到了产品上。

过了一会儿，另一名导购又开始与顾客搭话说："我们这款被子很轻、很蓬松，您一盖上它就能感觉到。"这时，顾客露出了灿烂的笑容，并不住地点头。可以看出来，仅仅一句话，顾客就被吸引住了。

除了那些有特殊要求的顾客外，大多数人对产品的产地和材料并不感兴趣。**他们最希望了解的是产品最大的亮点，也就是自己实际使用产品时，能享受到哪些益处**。如果产地和材料是产品亮点的来源,你可以稍后再介绍给他们。

让我们用简练的话语,一下子抓住顾客的心吧。比如"它穿起来很舒服,可以穿一整天""它很轻,但很保暖""它很小,容易携带",等等。

10 在收银台结算完一笔交易后

不满 在收银台回味成就感

顾客以为你在服务别人，而没办法喊你，你却没有注意到他们发出的"需要服务"的信号。

第 1 章 | 顾客喜欢的搭话方式和不喜欢的搭话方式

满意 > 马上确认其他顾客的情况

那边的顾客需要服务！

他注意到了我！

注意到了"需要服务"的信号，
继续为下一个顾客服务。

在服务完一名顾客后,要准备"为新顾客服务"

顾客付完款后,导购会特别有成就感。然而,当你沉浸在这种喜悦中稍作休息的时候,可能还有顾客在等着你"彻底结束上一个服务"。**在你为一位顾客服务完毕后,恰恰应该立即环顾四周,看看是否有其他顾客在向你发出"需要服务"的信号。**

我在逛商店时,喜欢观察顾客的一举一动。有一天,我看到一个顾客手里拿着一双鞋,左顾右盼地寻找导购员。

而此时,导购员正在收银台进行结账后的整理工作。于是顾客便中途放弃了,他把鞋子放回原处,然后离开了。

如果顾客看到店里的导购正在接待别的客人,他们会更加愿意进店来看一看,因为他们会感到安心,觉得"导购员正在接待别人,那么我可以慢慢地浏览产品"。**他们花在浏览产品上的时间越多,就越有可能对产品感兴趣。**

不过,这样一来,担心导购还在忙碌,需要导购主动走近搭话,并以此为契机购买产品、寻找尺码,以及咨询问题的顾客，相应地增多了。

所以，在为一名顾客提供完服务并结完账后，就要马上关注店内其他顾客的情况。

如果你注意到一些迹象，如"眼神交流"或"顾客长时间拿着一件产品"，应该放下手里的收据等重要物品，并将它们放在隐蔽的地方，以便以后处理，然后就到销售区与顾客搭话。

在为一位顾客服务完毕后稍作休息时，恰恰是观察其他顾客在店里的情况，继续为新顾客提供服务的好时机。

专栏1

配合顾客的兴致

"面带微笑和充满热情"是导购服务顾客的基本原则,但这并不意味着顾客就一定喜欢"轻快、热情"的语气。我们服务时应该配合顾客的心情和兴致。

有一次,我和几个朋友聚在一起时,谈起了"我不喜欢被导购服务"的话题,当问及原因时,有人回答:"我不喜欢导购员那种特有的高涨情绪。"

导购员特有的情绪包括"高亢的问候方式",如"欢迎光——临","不自然的夸张的反应"和"假装出来的夸张微笑"。

以这种高涨的情绪为顾客服务,容易让顾客感受到情绪上的"温差",导致他们不愿意进入商店,也不愿意接受这个导购员的服务。

会察言观色是非常重要的,应该通过观察顾客的面部表情和说话方式,来判断如何与他们说话。

如果顾客给人的印象是文静内向的,就用柔和的语气和他们说话;如果是一群朋友一起购物,气氛非常活跃,就用欢快的语气和他们说话。

导购员如果在打招呼后,能自然地为顾客提供服务,就做到了配合顾客的兴致待客。

＼ 第 **2** 章 ／

顾客喜欢的询问方式
和不喜欢的询问方式

11　想要了解顾客的需求时

不满　随意地提出问题

从销售的角度生硬地询问，会给顾客带来压力。

第 2 章 | 顾客喜欢的询问方式和不喜欢的询问方式

满意 > 带着目的提出问题

①了解事实

②找出顾客真正的需求

③表现出感兴趣

带着这三个目的来提出问题,
会使顾客更容易做出回答。

不要随意提问

询问对于了解顾客的需求（期望或纠结）至关重要。然而，为了提供服务而反复询问一些问题，如"您在找什么产品呢（您在找_____吗）？"，或"您想看看那边的产品吗？"，会让顾客觉得自己好像在被问东问西，被人牵着鼻子走，从而产生了戒备之心，怀疑导购在诱导消费。

想要了解顾客的需求时，应带着以下三个目的之一去询问。

第一是为了"**了解事实**"。

比如："您最近买了什么？"或者"您喜欢红色还是白色？"。这些问题旨在帮助你在提出建议前，了解顾客的情况和偏好。

第二是为了"**找出顾客的需求**"。

在前面了解到事实的基础上进一步询问，比如："您为什么想购买它呢？""您更喜欢红色，是因为_____吗？"这些问题旨在发掘出连顾客自己都没有意识到的需求。

第三是为了"**表现出感兴趣**"。

比如,"它很漂亮吧。您在哪里买的?""确实很好看!是什么让您爱上了红色呢?"等等。这些问题旨在表现出你也有同感。当人们觉得别人对自己感兴趣时,就会感受到对方释放出的善意和好感。拉近顾客与你的距离,能够让他们更容易敞开心扉与你交谈。

所以,在向顾客询问时,要牢记这三个目标。

12 ▶ 如果你从顾客当天的衣着打扮中得到了一些信息

不满 ▶ 根据顾客当天的穿着，为其提供服务

> 如果您在工作中也可以穿牛仔裤的话，这款包就很适合……

> 哎呀，顾客怎么没有反应……

搞错了顾客平时的使用场景，结果推荐了不合适的产品。

第 2 章 | 顾客喜欢的询问方式和不喜欢的询问方式

满意 > 确认他们平时的习惯

> 需要穿得比较正式。

> 不,我在工作中。

> 今天您穿了牛仔裤,那么平时在上班时,您也可以穿牛仔裤吗?

确认从顾客的穿着中获得的信息,
就可以为他们推荐合适的产品。

不要仅仅根据顾客当天的穿着做出判断

无论你搭话时的态度多么亲切，都可能有顾客觉得你的服务并不细心周到。应该尽早与顾客进行有来有往的对话，以便了解顾客的需求。

在这里，我推荐将确认从顾客的穿着中获得的信息，作为谈话的开端。

这是因为，顾客来店时的穿着，并不一定就是他平时的穿着。从顾客外表中获得的信息，可能只是你一厢情愿的想法。

有一次，我想买一个上班时背的包。导购走过来和我搭话后，就询问道："您今天穿牛仔裤是休闲的风格，那么您上班时的穿衣打扮也是这种风格吗？"

我不想给他错误的信息，就解释说，我上班时的衣着不是现在这种风格，我工作时需要穿有领的衬衫。

然后导购员又问了我一系列问题，比如："那么也就是说，虽然还不至于到西装的程度，也是相对正式的衣服吧。"不知不觉中，我和他聊了许多关于我在工作中穿衣风格的事情。从这些问题中，我能够感觉到他对我的讲述很感兴趣，这让我很受用，并使我更容易说出自己期望的形象和情景。

根据顾客的外表，向他们询问一些问题，比如："您的手机壳很可爱，那么您家的家装也是这种风格吗？""您平时也和今天一样，都戴着眼镜吗？"就可以确定顾客是偶尔打扮成今天这样，还是平时也是这样的穿着。此外，顾客还会主动告诉你他的穿衣风格。

13 当你想了解顾客的生活方式时

不满 > 只一味地问问题而不闲聊

（顾客心想）这款虽然也不错，但我在寻找不容易脱落的防晒霜！

（店员）这款防晒霜很贴合皮肤，不会泛白。

如果一直询问，顾客就会懒得回答，
你也无法帮助他们找到自己需要的产品。

第 2 章 | 顾客喜欢的询问方式和不喜欢的询问方式

满意 > 与顾客聊天，自然地引出他们的需求

根据在与顾客聊天中获得的信息进行推荐，
可以帮助顾客找到适合的产品，以及了解其优点。

不和顾客闲聊是一种损失？

许多人的观念是，和顾客聊产品以外的话题，会让顾客感到不舒服，所以不应该和顾客闲聊。不过，放弃与顾客闲聊也是一种损失。

有时候，我们从闲聊中可以获得一些提示，从而为顾客提供有用的建议。 如果你对顾客的话足够敏感，并展开想象、思考背后的含义，你将能够发掘到连顾客自己都表达不出来的需求。

一位当了妈妈的专柜美容顾问，曾经遇到过这样一位顾客。这位顾客来店里购买她在口碑网站上看到的一款防晒霜。这款面霜的卖点是很贴合皮肤，涂上去不容易泛白。

在服务顾客时，这位美容顾问提起了天气的话题，她问顾客："今天天气很热吧？"顾客则回道："是啊，我在公园里带孩子玩，给我热得够呛。"

然后美容顾问根据自己的经验，向顾客介绍道："这款产品就很好用，因为它不仅不会泛白，还不容易随着汗水脱落。您在公园带孩子的时候，它也能发挥持久的防晒功效哦！"

于是，顾客很高兴地说："这正是我需要的那种防晒霜！"

由此可见，**与其问很多问题，不如用聊天的方式，能够更自然地了解顾客的生活方式和需求等方面的信息**。掌握了这些信息，你就可以向顾客推荐最适合的产品。

当然，你不必勉强地"尬聊"，可以尝试谈论天气等话题，看看顾客的反应，再见机行事。

14 如果顾客正在寻找一款特定的产品

不满 按照顾客的描述，帮他们寻找产品

你们有白色的床吗？

是吗？那真的很遗憾！

很抱歉，本店没有这种产品。

无法提供能满足顾客"真正需求"的产品。

第 2 章 | 顾客喜欢的询问方式和不喜欢的询问方式

满意 — 询问顾客"为什么想要购买它",然后再提出建议

> 您喜欢白色的家具吗?

> 你们有白色的床吗?

> 我想让房间看起来更大一些。

> 如果你想让房间看起来更大,除了颜色上的选择外,购置一些偏矮的家具,也不失为一个好办法。

> 是吗?例如呢?

问清楚顾客"为什么想要购买它"后,
可以帮助顾客找到他们真正需要的产品。

找出顾客想要购买一件产品的理由

当顾客说,"我想要购买某某产品"时,你会想要尽力满足顾客的需求。

然而,在这个需求的背后,可能隐藏着连顾客自己都没有意识到的、他们真正所需的产品或功能。**如果你能通过询问"您为什么要寻找这个产品呢?"来引出这个真正的需求,你就可以为顾客推荐更合适的产品。**

那时,我在一个家居店做导购。

有一位顾客询问我说:"这款床有白色的吗?我想买一张。"不巧的是,厂家偏偏没有生产白色款。

我向顾客解释了这一情况后,询问道:"您喜欢白色的家具吗?"顾客则回答说:"倒也谈不上有多喜欢,只不过我听说,白色的床能使房间看起来更大。"

这时候我就建议说:"如果您想让房间看起来更大,除了颜色上的选择外,购置一些偏矮的家具,也不失为一个好办法。"

这位顾客接着说:"是吗。我还真不知道。现在除了白色,我还有更多的选择了。"然后就高兴地挑选起了产品。

顾客想要购买白色床的原因,还可能包括"我喜欢白色""如果不是白色,就不能和我房间里的其他家具相配",或者"我在杂志上看到白色的家具很好看,所以我也想买"。

所以,当你询问顾客为什么想要购买这个产品后,可能会得到一个意想不到的答案。

如果你了解了其中的原因,就可以推荐一个新款产品,甚至在没有库存的情况下,推荐另外一款,以帮助顾客选择到更合适的产品。

| 15 | 在询问顾客为什么想要购买这个产品时 |

不满 > 一直问"为什么？"

> 您平时都戴金色的项链，这是为什么呢？

> 呃，因为我喜欢吧。

顾客会觉得很难回答，并在心理上感到不舒服。

第 2 章 | 顾客喜欢的询问方式和不喜欢的询问方式

满意 > 迂回地询问"是因为_____吗",从而确认顾客购买产品的理由

> 您喜欢戴金色的项链,是因为它和您的衣服相称吗?

> 这也是其中一个原因。

> 另外,我做过个人色彩诊断①,诊断上说金色是适合我个人色彩的颜色。

---

① 译者注:个人色彩诊断,就是指从每个人与生俱来的皮肤、眼睛的颜色,以及适合的发色等信息,来判断个人色彩类型,从而找到与之相配的色彩。

了解顾客选择产品的标准,可以更容易为其提供建议。

不要直接问"为什么",而要迂回地问"是因为＿＿＿＿吗"

在询问顾客为什么想要购买这个产品时,如果你非常直接地问他们"为什么",有些顾客就会感到很突然,不知道怎么回答。

在这种情况下,**要用猜测的语气进行询问,比如:"是因为＿＿＿＿吗?"**

有一次,我在饰品店购物,当被导购问到喜欢金色还是银色时,我回答说:"和银色相比,我佩戴金色饰品的时候更多一些。"

导购员又接着问道:"金色与您今天穿的衣服很配。您喜欢金色的饰品,是因为它很容易与您的穿衣风格相配吗?"

我回答说:"这也是其中一个原因,另外我做过个人色彩诊断,诊断上说金色是适合我个人色彩的颜色。"

导购员了解到我是根据个人色彩选择饰品后,就向我推荐了与肤色相称的产品。

像这样,**不唐突地直接问"为什么",而是迂回地询问"是因为＿＿＿＿吗"**,可以了解顾客选择产品的标准。

例如，"（是因为）您平时就习惯使用这个产品吗?""（是因为）您工作时会用到它吗?""（是因为）您偏好这款产品吗?"等等。

如果顾客对这些问题没有做出积极的回应，说明他们不想被进一步询问，或者希望你改变话题。

这时候我们要退一步说："请慢慢看。"或通过询问其他问题来转变话题。

16 当你想让对话进行下去时

不满 ▶ 没有设计好话题，让双方变得无话可说

> 多呀。

> 您平时穿长裤的时候多吗？

> ……

如果对话不能继续下去，就会让顾客觉得很尴尬。

第 2 章 | 顾客喜欢的询问方式和不喜欢的询问方式

满意 > 预设好情景，再进行询问

> 您平时穿长裤的时候多吗？

> 多呀。

> 裤子穿起来很舒服，是特别的设计吧。在每年的这是个时候穿。

> 您会搭配什么衣服来穿呢？

抓住用途或使用场景，使得顾客更容易继续聊下去。

预设好情景，让对话进行下去

用"是"或"不是"就能回答的问题，虽然很容易得到答案，但也很难让对话进行下去。因此，**我们应该就具体的情景向顾客提问，从而把话题打开**。

我的一个后辈同事，是善于与顾客打开话题的高手。有一次，我在一旁听到了他与顾客之间的如下对话。

后辈同事："您今天穿的是长裤，那您平时穿长裤的时候多吗？"
顾客："说起来的话，好像挺多的。"

后辈同事："长裤很容易搭配出多变的风格，所以很多人都很喜欢穿长裤呢。那么像您今天穿的裤子，通常都会**如何来搭配**呢？"
顾客："嗯……一般我都会像今天这样，上面搭配一件针织衫。其实我几乎总是这么穿，风格都没什么变化，不过我确实想尝试一些不同的穿搭。"

我们可以像这样，就方法、场景和地点进行询问，比如询问"何情何景"或"何时何地"等等。

这样能够使顾客在对话中，更容易透露出他们平时的风格或当前的期望。这样你就可以了解到顾客的需求，例如"我想在搭配上增加一些变化"。

你将能够把握他们对目前使用的产品有什么不满、他们喜欢哪些部分、遇到了什么问题，以及其他需求，从而让对话更容易展开。

17 当你想了解更详细的信息时

不满 问一些模糊的问题,如"您有什么想法吗?"

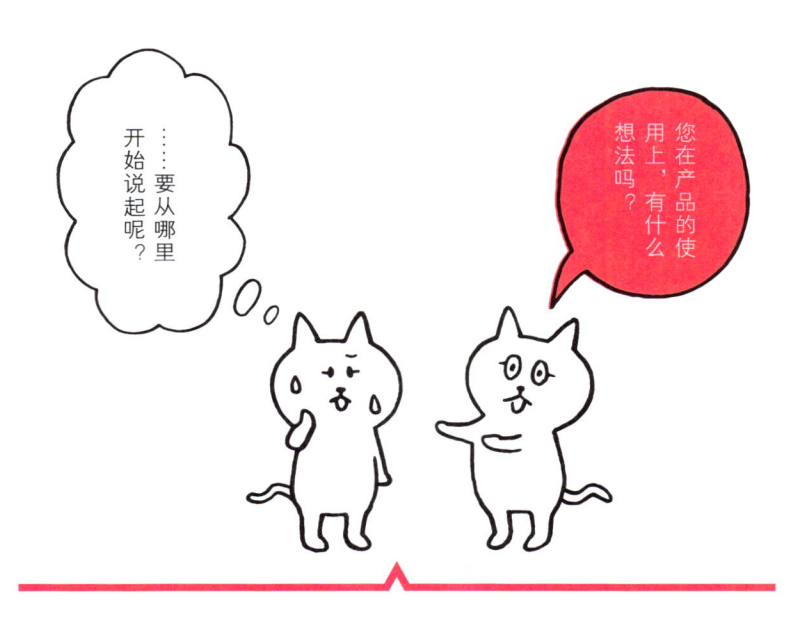

（想）……要从哪里开始说起呢?

（说）您在产品的使用上,有什么想法吗?

不知道该说些什么好。

第 2 章 | 顾客喜欢的询问方式和不喜欢的询问方式

满意 > 通过"举例"来打探更详细的信息

> 您在产品（一地热毯）的使用上，有什么想法吗？

> 我也是，只有我经常待的那个地方需要地热毯，所以我也买小块的就足够了。

> 就我而言，在房间里只有我经常待的那个地方需要地热毯，所以我买小块的就好。

如果顾客知道该如何回答，对话会更容易继续下去。

通过举例可以引出"更详细的信息"

如果顾客有明确的需求，如"我想在_____的情景下使用"，就可以进一步打探更详细的信息。这时，**如果你拿自己举例子，顾客会更愿意透露给你更详细的信息。**

有一次，我去买一块地热毯。导购员问我："在产品的使用上，您有什么想法吗？"

我一时不知道如何回答这个问题，就只好回答说："我想坐在椅子上的时候，把它垫在脚下。"

导购员接着说道："我家的桌子下面就放了一块这样的小地热毯。因为我在桌子上用电脑时，脚会觉得冷，虽然我也有一个毯子盖腿，但我想让脚能暖和一点。您也使用毯子之类的盖腿吗？"他把自己使用产品的详细情况告诉了我，随后谈话的气氛再度活跃了起来。

于是，我将导购告诉我的经验作为参考，把我想覆盖的区域的大小、我的房间相当冷，以及我在使用电脑时会经常从座位上站起来等细节，都告诉了他，最后导购员向我推荐了适合我使用的产品。

当你想向顾客打探更详细的信息时,你也可以像这样,以自己的经验为例,比如你可以说:"就我而言,我会＿＿＿＿＿＿＿＿,您呢?"

在平时,我们也可以回顾和总结一些自己的经验,例如:"当我＿＿＿＿＿＿＿＿时,我是怎么做的。"以便在服务顾客的时候有话可说,避免冷场。

18 在推荐搭配方案时，如果顾客说，"我家有好几种＿＿＿＿＿"

不满 > 拿起手边的产品，随意搭配

（我可没有这样的牛仔裤……）

如果您家有好几种牛仔裤，可以像这样搭配这件上衣。

每个人对于"好几种"或"许多种"的定义不同，如果笼统地理解，可能会提出不适合的建议。

第 2 章 | 顾客喜欢的询问方式和不喜欢的询问方式

满意 > 以商店里的产品为样板，确认具体的样子

> 啊，比这种要窄一点。

> 比如，它是什么样子的？偏这种吗？

与顾客共享具体的样子，推荐时就不容易出错。

075

在推荐搭配方案时，对于顾客家里的产品，要核实其具体样貌

当问及顾客："关于用来搭配的＿＿＿＿＿＿＿，您家有什么样的款式？"时，顾客往往会回答："我家有好几种。"但偏偏在你做了一番搭配，问他们家里是否也有这款时，却又得不到顾客积极的反馈。

为了避免这种情况，**不要直接默认顾客家里"什么款式都有"，而要确认具体的情况。**

有一次在服装店，我在推荐搭配方案时，我问顾客："这款上衣可以搭配牛仔裤，您家都有什么样的牛仔裤呢？"

顾客回答说："我家有好几种牛仔裤。"

于是，我拿起手边的一条破洞牛仔裤，建议顾客这样搭配，结果顾客却苦笑着说："我可没有那种牛仔裤。"

这种情况下，**应该询问顾客："比如，它是什么样子的?"以确认其设计和颜色，并将自己的理解与顾客家里的实物尽量贴近。** 如果店里有类似的产品，就把它们展示给顾客看，使你头脑中的形象更加清晰。

其他越是有多种款式或品类的产品，如鞋子、领带或其他配件，以及餐厅的菜单等，越经常被顾客笼统地概括为"许多种"。

不过，其中也有一些人喜欢用"我没有＿＿＿＿"和"我不＿＿＿＿"的表达方式，如"我没有棕色的"或"我喝红茶但不喝咖啡"。

应该仔细进行确认，以免你推荐的搭配方案里，包含了顾客没有的物品。

19 当你想结合顾客需求，介绍产品的优势时

不满 ▷ 以自己的经验为准，自说自话

> 我一直都是用完就收到橱柜里，所以无所谓。

> 这款水壶摆在外面做装饰也很好看哦！

介绍产品时，如果偏离了顾客使用产品的方式，就会让他们失去兴趣。

第 2 章 | 顾客喜欢的询问方式和不喜欢的询问方式

满意 > 确认顾客使用产品时的具体情况

不,我会把它收起来。

您会把水壶摆放在厨房吗?

结合顾客的使用方式,
可以为其介绍适合的产品。

不要以自己的标准来推进对话

冒昧地问一下，吃煎蛋时，您会放什么佐料呢？每个人的口味都不一样，对于盐、酱油、调味汁、番茄酱的喜好因人而异。还有些人可能在吃煎蛋时不放任何佐料。

导购员的日常生活，不可能覆盖顾客的日常生活。**很多事情不能通过表象来判断，越是觉得"顾客也是这样吧"，就越要提前询问并确认清楚。**

有一次，我在一家北欧杂货店里想买一款水壶。

导购员问我说："您会把水壶摆放在厨房吗？"

我回答说："不，我会把水壶和调味品都收纳起来。"导购接着回复说："原来是这样，好在我提前问清楚了。"

然后他向我介绍道："这边的一款是一个细长型的设计，收纳起来非常方便。"

后来我与导购员聊起来，他告诉我："这款水壶的外观设计精美，摆放在餐桌上会显得十分时尚精致。此外，就这样放着也很好看，所以直接放在外面也没问题。"

在这之前,导购突然想到"顾客也会把水壶摆放在外面吗?",就问了我一句。结果,却从我这里得到了一个意想不到的回答,于是就把产品的优势换成了便于收纳的方向。

由此可见,如果以"我会这样做"或"大多数人会这样做"为标准来推进对话,就可能会偏离顾客预期的用途或用法。你越是认为"这是理所当然的事",就越应该向顾客核实清楚。

20 当顾客想淘汰旧产品，购买新产品时

不满 > 什么都不问，直接介绍产品

> 这种事情，一看就知道了。

> 这种床的底部带有抽屉，提供了很大的收纳空间。

什么都不问，直接介绍产品，
会错误估计顾客的需求。

第 2 章 | 顾客喜欢的询问方式和不喜欢的询问方式

满意 — 询问顾客正在使用的产品的优点和缺点

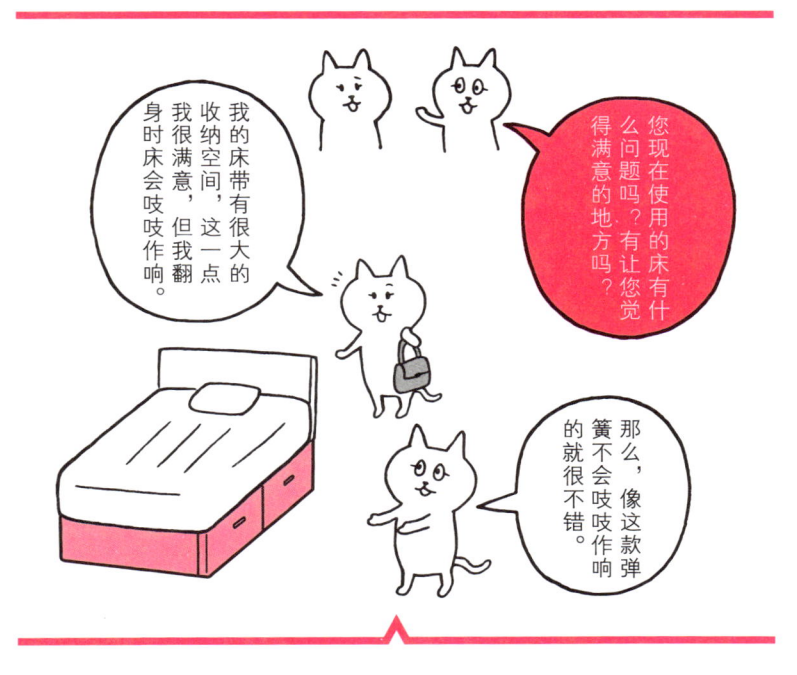

> 您现在使用的床有什么问题吗？有让您觉得满意的地方吗？

> 我的床带有很大的收纳空间，这一点我很满意，但我翻身时床会吱吱作响。

> 那么，像这款弹簧不会吱吱作响的就很不错。

将新产品与顾客正在使用的产品进行比较，会更容易了解顾客的需求。

当顾客想淘汰旧产品购买新产品时，向他们打听"正在使用的产品"的情况

当顾客想淘汰旧产品购买新产品时，可以通过与他们正在使用的产品进行比较，来找到合适的新产品。你**只需问一句："您目前使用的产品有什么问题呢？"就更容易为其推荐合适的产品。**

有一次，我在家居部门负责床具的销售。那时候，我刚开始在门店做导购，在我询问顾客"您需要什么样的床呢"之后，顾客只是含混地敷衍了我几句。

又有一次，相同的情形下，我询问道："您现在使用的床有什么问题吗？有让您觉得满意的地方吗？"这时，顾客就很具体地回答说："我的床带有收纳空间，这一点我很满意，但它总是吱吱作响，让我很困扰。"

于是，我向他推荐了基本不使用螺丝钉的木床和弹簧紧实的床垫。顾客很满意地表示："我就买这个吧。这下不用再担心床吱吱作响了。"

像这样，通过打探顾客目前正在使用的产品情况，更容易

了解他们的具体需求。

这同样适用于其他产品，如衣服、手表和眼镜等。

对于衣服，你可以问："您有什么不经常穿的衣服吗？"从而了解服装的具体款式。你还可以进一步询问："我明白了。顺便问一下，您为什么不经常穿它呢？"从而引出他们的真实感受。

对于想要淘汰旧产品、换新产品的顾客，不要直接询问："您在寻找什么样的产品？"而要问清楚："您现在使用的东西，有什么地方令您满意呢？""它有什么问题呢？"以了解顾客的具体需求。

专栏 2

"硬推销"和"推荐"之间有什么区别?

许多导购员都很善解人意。他们中的许多人都认为,推荐产品就像硬推销一样,会让顾客产生抵触情绪。

那么,"硬推销"和"推荐"之间到底有什么区别呢?"

我认为,"硬推销"和"推荐"之间的区别在于,你是否能解释顾客购买产品的理由或好处。换句话说,如果不能解释理由或好处,你所做的就是"硬推销";如果能解释,你所做的就是"推荐"。

诸如"因为可以增加销量"或"因为它是整个公司想要重点销售的产品"这样的理由,是从导购员的角度来考虑的,它们与顾客无关,所以你所做的是"硬推销"。

另一方面,诸如"因为它适合顾客的尺寸",或"因为它可以节省顾客做_____的时间"这样的理由,是从顾客的角度考虑,所以你所做的是"推荐"。

当我把这个原则发到社交媒体上，我收到了一个正面的评论，他说："我曾在向顾客提出建议时感到心虚，但现在我知道了标准，觉得轻松多了。"

你推荐完产品后，是否购买的决定权，最后还是掌握在顾客手里，所以如果顾客最终没有购买，也不用太过在意。

第 3 章

顾客喜欢的推荐方式和不喜欢的推荐方式

21 ▶ 在推荐产品使用的场景时

不满 ▶ 只提供"模糊的场景"

> 它适合在参加小型宴会时穿哦！

> 小型宴会是指多小？婚礼派对算吗？

顾客很难想象使用的场景，就不会想要试穿或购买。

第3章 | 顾客喜欢的推荐方式和不喜欢的推荐方式

满意 > 改成"具体的场景"

是吗?那我应该买一条这样的裙子。

它适合在酒店用餐的场合下穿哦!

顾客容易想象到使用的场景,就会想要试穿或购买。

到底什么场合算是"小型宴会"？

在推荐适合正式场合穿着或佩戴的连衣裙、配饰等产品时，许多导购经常使用"它适合小型宴会的场合"这样的说法。

但如果你说得更具体一些，比如说"适合在酒店用餐的场合"，会更容易让人想象到使用的场景。

有一次，我和朋友在一家店里看一条连衣裙。它剪裁的样式很好看，既不过于休闲，也不过于正式。

导购向我们推荐道："这条裙子很好看。设计简单大方，很适合参加小型宴会时穿。"

离开这家店后，我的朋友苦笑着说："他说的'小型宴会'是多小型呢？是指婚礼派对吗？我觉得我暂时没有这方面的安排。"

当我们告诉顾客使用场景是一个"小型宴会"时，顾客会感到不解，很难想象出到底是一个什么样的宴会。

如果换一种更具体的说法，顾客就可以想象到穿着这件衣

服出入的场合,从而更愿意购买。

推荐这件连衣裙时,最好列举一些用餐场合,如"在豪华酒店享用午餐""参加在法国餐厅举办的年终聚会",或"亲朋好友较为正式的聚餐"。

将模糊的表达改为具体的表达,会使顾客更容易想象出穿戴或使用的场景。

22 当顾客对你推荐的产品反应冷淡时

不满 立即收回反响不佳的产品

如果搭配这条裤子……

哎呀，顾客好像不太喜欢。

赶快放回！

顾客不可能一下子就做出决定，把产品收回后，即使他们有兴趣，也很难再看到了。

第 3 章 | 顾客喜欢的推荐方式和不喜欢的推荐方式

满意 > 就算反响不佳,也把产品放在一个明显的位置

> 如果搭配这条裤子……

> ……

> 因为还不知道顾客的想法。

> 其他裙装也很容易搭配。

把产品放在顾客能看到(拿到)的位置,
因为以后可能还有机会再次展示它。

即使反响不佳，也不要立即收回推荐的产品

在向顾客推荐产品时，当你推荐了一个穿搭方案，告诉顾客"这款也很好搭"，但顾客对它没有什么反应时，你就会很容易想要立即收回产品。

但是，**顾客没办法仅凭一眼就能判断产品的好坏。所以即使顾客没什么反应，也不要立即把产品收起来，而要把它放在附近的位置上。**

曾经有一次，一位顾客在镜子前搭配 T 恤，我给他推荐了一条与之很配的长裤，告诉他如果这样穿搭会很好看。

不过，顾客并没有什么明显的反应，所以我很快就把产品放回了架子上，并觉得我的推荐可能打扰到了顾客。

然而，在试穿了其他长裤后，顾客却说："我还想试试刚才那条裤子。"

我本以为"反正他也不需要"，听到顾客这么说，我感到很惊讶，于是赶忙取回了那条长裤。

在推荐搭配或组合方案时，即使顾客的反应冷淡，也要把

产品放在顾客面前一段时间,让他们容易触摸到。观察他们的目光或动作,比如他们是瞥了一眼还是摸了一下,然后再把它放回去。

要把产品放在顾客面前,让他们可以慢慢地做出判断。

如果你创造了一个让顾客很容易拿到产品的环境,他们可能就会产生"连这个一起购买"的意愿。

23　当你为顾客提供搭配建议时

不满 ▶ 当顾客提出"我家没有＿＿＿＿"时，立即放弃推荐

未能传达"真正有用"的产品魅力。

第 3 章 | 顾客喜欢的推荐方式和不喜欢的推荐方式

满意 > 询问"您家有_____吗?",并顺便推荐产品

啊,看起来确实不错!

您家有这种裤子吗?

没有的话,您一定要买一条带回家。比如,这样穿搭的话……

告诉顾客拥有它的好处,
让他们觉得"获得了有用的信息"。

通过询问"您家有_____吗?"来顺便推荐产品

"我总是买同样的东西,没有一点新鲜感。"

如果顾客似乎在为这样的问题而苦恼,那就多推荐他们家里缺少的产品,或平时不会选择的产品。当顾客发觉"竟然还有这样的产品"或"它竟然很适合我",他们就会想再次光顾这家店了。

有一次,我在一家店里看一件衬衫。导购走过来问我说:"它与这种黑色长裤搭配起来也很好看。您家有这种裤子吗?"

当我告诉他我没有后,他说:"那您一定要试试这条裤子。"试穿后,我觉得它的确能丰富我衣橱里的搭配,于是就买下了它。

这条黑色长裤买得很值,它能和很多衣服搭配,连衣柜深处的衬衫都有了重见天日的机会。身边的人也称赞我"形象发生了改变,让人眼前一亮"。我也想再去那家店,让导购员再帮我推荐一些产品。

确认顾客拥有的物品，是一种推荐产品的方法，而帮助顾客"查漏补缺"也是一种推荐产品的方法。

有时，顾客不曾购买的某个产品，具备连顾客自己都没有注意到的亮点，或者其实非常方便实用。

除了推荐某个产品可以搭配顾客自己的东西外，如果发现顾客家缺少某样东西，还可以顺便推荐这个产品，并把理由讲给他听。这样能帮助他们发现自己不曾选择的好产品，从而提高顾客的满意度。

24 当你向顾客推荐新款产品时

不满 > 只介绍新款的优点

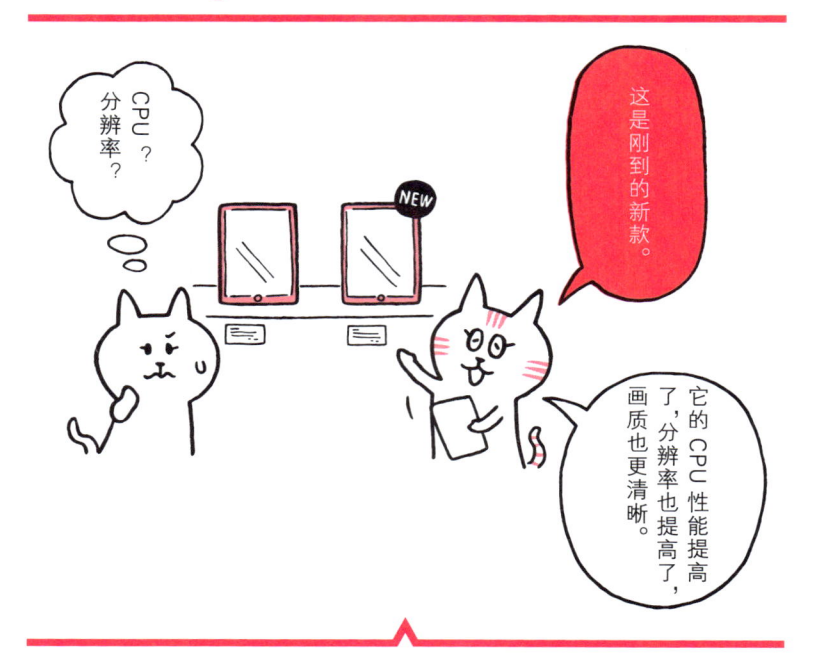

顾客并不一定都想买新款或多功能的产品。

第3章 | 顾客喜欢的推荐方式和不喜欢的推荐方式

满意 > 一边与"老款"相比较,一边进行介绍

确实,老款也差不多够用了。

如果您不玩游戏的话,我推荐您购买老款。

顾客会很高兴能以合理的价格,
购买到适合自己使用的产品。

不是每个人都追求"新款"

你有没有遇到过这样的顾客：当你向他们介绍说"这是刚到的新款"，他们却像没听到一样？

这样的顾客可能是在寻找"适合自己的产品"，而不是"最新款的产品"。

在这种情况下，介绍时，可以将新款产品的优势和老款产品的优势做一个对比。

有一次，我去一家电子产品店，想要购买一台平板电脑。

面对各种各样、让人眼花缭乱的款式，我不知道该选择哪种好。于是我告诉导购员，我想要一款能够画画的平板电脑。他首先向我介绍说："这款产品是上一代的稍旧型号。"

接下来，他告诉我："新款比较适合玩游戏，但您说自己不玩游戏，那么老款是可以画画的，重量也和新款一样，价格还便宜，所以我推荐您买这一款。"

我原本认为，新产品或许有什么特别的功能。听完导购员的介绍后，我便放心地买了那款价格更低的平板电脑，以及一个可选的触控笔。

不仅仅是电子产品店,其他各式各样的商店,都愿意主推自家的最新款产品。

但是,**除了那些一直期待新品上市的顾客外,并没有多少人在意产品是新款还是老款。**

在确认顾客预期的用途或目的后,同时介绍新款和老款产品的优缺点,能够让他们消费得更明白。

25 当你向顾客介绍同质化的产品时

不满 使用雷同的介绍语,让顾客看不出区别

A店　B店　C店

我在其他店也听到过这种说法。

这条裤子的版型很好看!

如果顾客在其他店,也听到过同样的介绍语或产品的优点,就不会想从这家店里购买。

第3章 | 顾客喜欢的推荐方式和不喜欢的推荐方式

满意 > 彰显"自家的独特之处"

本店专属的美型剪裁

哇!那我得试试。

这款裤型的剪裁,是本店独有的设计,非常好穿。

如果能让顾客了解本店产品的特色,
他们就会想在我们这里试穿和购买。

107

越是普通的产品，就越要突出"本店的特色"

越是普通的产品，就越难看出它与其他店同类产品之间的区别。

如果将一试便知的感觉介绍给顾客，例如，"这种××感是本店产品独有的"，他们的购买意愿就会更高。

在我工作的店里，有一款长裤的系列人气很高。打版师经过反复摸索而设计出的长裤，受到了许多顾客的欢迎，每当有新产品发布时，顾客都会来到店里购买。

有一次，一位顾客拿起了这款长裤，当我向他介绍说"这条裤子的版型很好看"时，他只说了一句"哦，真的吗？"，就把裤子放回了货架。

随后，另一位顾客拿起了同样的产品。当我问他："您有没有穿过我们家的裤子呢？"他回答说，"没有"。

然后我向他介绍道："这款裤型的剪裁，是本店独有的设计，是隐藏的人气款哦。"这时，顾客说道："既然剪裁这么好，那我想试一下。"然后让我帮他进行了试穿。

像这样，介绍时使用"说到××（特征）的△△（产品），还要数□□（品牌/制造商名称)"的话术，更容易让顾客了解产品在制造上独具匠心的地方。

最好在平时，就事先想好店里产品独特的卖点，如"本店这款空调的独特之处在于，不会让人感觉过冷""本店的家具在设计上具有独特的品味""对头皮温和的洗发水，还要数本店这一款"，等等。

一个产品越是在细节上花了心思，就越需要用语言来展现出这些亮点。

26 ▶ 当你向顾客展示库存的产品时

不满 ▶ 勉勉强强地展示，主动提及"这可能不符合您的喜好"

> 这可能不是很符合您的偏好。

> 这样啊，看来这件产品卖得不好。

似乎已经在库房中放了很久了，
看起来像是"滞销的""糟糕的"产品。

第3章 | 顾客喜欢的推荐方式和不喜欢的推荐方式

满意 > 自信地展示，积极地"推荐"

特地从库房中取出来，看起来像是"自留款"。

告诉顾客"只剩……的了",会让产品的吸引力打折扣

在向顾客推荐产品时,如果你态度消极地说:"其他的就只剩下这种颜色的了……"顾客就会认为这个颜色是别人挑剩下的,肯定不好看。所以,应该用积极的态度介绍,例如,"我们还有这种颜色"。

有一次,一位顾客拿起一个包包问:"你们还有其他颜色吗?"

我拿出了一个因销量不佳而被存在库房的产品,并对顾客说:"我们只剩下这个颜色的了。"此时,那位顾客显得很失望,只说了一声:"是这样啊。"

然而,当我们的一位资深导购员为另一位顾客服务时,他从仓库里拿来同样的产品,并开始介绍。他告诉顾客:"我们还有这个颜色,也很好看,您请看。"这时候,顾客的眼睛亮了起来,高兴地拿起包包开始查看内部。

导购员知道那是滞销产品时,往往认定"顾客一定不会喜欢这个包"。

然而，换作顾客，他们会认为："这个包是专门从库房里拿出来的，可能是珍藏款或自留款。"

最终判断产品好坏的是顾客，而不是导购员，所以应该打破"这是滞销产品"的思维定式，改为用积极的语言介绍产品。

例如，**如果你以积极的态度介绍说："这个也很不错"或"很高兴能够推荐一款适合您的产品"，顾客也会更有可能积极地接受它。**

27 当你想告诉顾客产品的价格很"划算"时

不满 一直强调"便宜"或"划算"

> 这款价格很优惠，东西也不错。

> 买到家很划算。

> 真的很便宜了。

> 我不是贪便宜的人！

顾客不愿意被当成贪便宜的人，
这样只会激起顾客的反感。

第3章 | 顾客喜欢的推荐方式和不喜欢的推荐方式

满意 > 创造机会，让顾客能看到价格

如果能让顾客自己看到价格，
他们会更容易衡量产品的价值/性价比。

创造一些机会，可以突出产品"便宜"的优势

"便宜"是产品的优势之一，顾客有时会根据价格来决定是否购买。

然而，**如果导购员过分强调产品的廉价性，就会引起顾客的反感，因为他们不愿意被当成贪便宜的人。**

应该尽量想办法让他们随意一看，就能注意到优惠的价格。

一个成功的导购员不会亲口强调产品很便宜。即使是这样做，也是充分地介绍完产品的优点后，再补充说："对于这么好的一个产品来说，这样的价格是很实惠的。"

不过，每个人对价格都有自己的看法。有时候，就算导购员觉得价格已经很低了，顾客也可能仍然认为价格很高。

因此，我们可以想一些办法，让顾客自己注意到价格。

例如，**你可以找借口离开，比如去取推荐的产品或检查库存，让顾客更方便查看标签。或者你可以假装无意中把标签露出来，引导他们的视线看向价格。**

许多顾客不愿意在导购员面前查看价格，因为如果表现出来"因为价格太高而买不起"的样子，他们就会感到很尴尬。

所以，与其单方面地强调"便宜"或"划算"，不如想办法让顾客自己去看价格。

顾客自己会将价格与产品价值进行比较，考虑性价比，然后评估产品是便宜还是贵，再决定自己买还是不买。

28 当你知道了顾客的预算后

不满 只向顾客介绍符合他们预算的产品

（猫A想）嗯……这些都很一般！

（猫B说）这边产品的价格，都是在您的预算中的。

关于预算，顾客有时候可能只是凭直觉回答的。如果只介绍符合顾客所说的预算的产品，会让顾客以为，这家店都没有符合心意的产品。

第3章 | 顾客喜欢的推荐方式和不喜欢的推荐方式

满意 > 同时推荐一些超出预算的产品

> 有点超出我的预算,但我喜欢它!

> 我们还有这种带花纹的,很好看!

顾客可以遇到虽然超出了预算,却心仪的产品;
或者接受并购买在预算范围内的产品。

你也可以向顾客展示超出其预算的产品

当你了解到顾客购买产品的预算时，你会想尽量满足他们的要求。**其实，有时顾客会觉得，如果产品好，那价格超出预算一些也没关系。**所以在推荐产品时，不要过于被预算局限。

那时，我在一家杂货店里做导购。一位顾客想买一把 5,000 日元左右的阳伞，我一边询问他的喜好，一边推荐了几种产品。

这位顾客似乎哪个都没看上，但有一把阳伞吸引了他的目光，他把它拿在手上说："这个不错，我要这个。"

这把伞的价格是 10,000 日元，是顾客预算的两倍。当顾客被问及预算时，因为不知道市场行情，所以只是凭直觉做出回答。

从那时起，我就尝试着在推荐时，连同超出顾客预算的产品一起介绍。当然，我不会强迫他们选择更贵的产品。

与更贵的产品进行比较，会更容易让人做出选择，如果顾

客了解了二者之间的区别，他们就会对自己的选择更加满意。 另外，我还注意到，许多顾客最后都选择了更贵的那一个。

当知道了顾客的预算后，我们往往会推荐符合他们预算的产品。然而，大多数顾客还是想买一个他们喜欢的产品，即使它稍微贵一点，而不是一个必须在预算范围内的产品。

如果你告诉顾客："这个（类似的）产品价格高是因为……而这个（低价的）产品没有这个功能。如果您没有这方面的需求，那这款产品是非常实惠的。"这样就能推荐一个符合顾客期望的产品。

29 当销售额（客单价）没有增加时

不满 ▸ 认定"太贵的产品不容易卖出去"

> 顾客不会买那款，因为它太贵了。

10,000日元

> 这款比较便宜，所以应该比较好卖。

这两件有什么区别呢？

5,000日元

便宜的产品可能容易出售，但这并不会提高客单价。

第 3 章 | 顾客喜欢的推荐方式和不喜欢的推荐方式

满意 > 向顾客说明产品适合他的理由

> 这款虽然更贵,但的确很不错。

> 乍一看,这两件衬衫很相似,但当你穿上身时,就可以实际感受到这款的剪裁是多么有型。

如果你能向顾客说明产品的优势,和适合他的理由,那么即使价格很高,你也能卖出去。

对于昂贵的产品，要让顾客知道为什么它的价格会那么高

只推荐低价的和你经常介绍的产品是很容易的。然而，顾客在选择适合自己的产品之前，也希望了解同类产品价格不同的原因。所以我们应该让顾客知道，产品贵有贵的道理，从而尽量扩大顾客的选择范围。

在我工作的服饰店里，有一款 5,000 日元的衬衫，它的设计简洁大方，很受顾客欢迎。我在帮顾客挑选裤子时，总是向他们推荐搭配这款衬衫，并说："这款衬衫很实惠，您一定要买一件带回家。"其中一些顾客甚至不再购买裤子，而只购买衬衫。

有一次，我在向顾客推荐这件 5,000 日元的衬衫时，他拿起一件设计相似但价格为 10,000 日元的衬衫，问道："这两款的设计很相似，但为什么价格不一样呢？"我回答说："当你穿上身时，就可以感受到 10,000 日元这款的剪裁非常有型。"顾客接着说："设计越是简单，版型越容易不同啊！我可以试穿一下吗？"试穿后，他买下了这件衣服。

这个经历让我意识到，<u>如果能让顾客充分了解一件产品贵</u>

的理由，他们就会愿意购买。自那以后，我就会通过从总部查找资料和在互联网上搜索来获得一些知识，从而了解产品高价的原因。

当我能解释出一个产品为什么这么贵的时候，就会变得更有信心和说服力。

顾客不仅仅只寻找便宜的产品，如果这些产品物有所值，并非常适合自己，他们就会想要购买。为了扩大顾客的选择范围，你应该对高单价产品的知识有所了解。

30 ▶ 当店里只剩下样品时

不满 ▷ 只告诉顾客,"这是最后一件了"

> 这件不太好了……

> 这是最后一件了……

毛糙起球

如果没有下一步提议,就会给人一种不贴心的感觉,顾客也就没有购买的意愿。

第 3 章 | 顾客喜欢的推荐方式和不喜欢的推荐方式

满意 > 尽最大努力提供"解决方案"

> 真不巧,店里只剩下一件了。

> 那就拜托送到我家吧。

> 我从其他店里给您调货好吗?我们可以送货上门。

给顾客一种热情周到的感觉,
会让顾客更愿意购买。

如果只剩样品了，应该提供"解决方案"，挽留住顾客

当顾客询问"这件产品还有新的（其他顾客没有摸过的）吗？"时，如果不巧新的都卖完了，就可能会无法满足顾客的要求。

在这种情况下，**顾客可能会想知道："卖完了也没办法。那么，这家店（导购员）还能提供什么其他的解决方案吗？"**

有一次，一位顾客问我，这款手套还有没有新的。我告诉他，"这副手套是店里最后一副了……"然后顾客就直接说："那我不要了。"

这种情况下，除了说"对不起，这是最后一件"之外，还可以提供一些"解决方案"，比如从另一家店调货，推荐顾客从网店购买，或者推荐一个替代产品。

在这个例子中，你可以明确地告诉顾客："这副手套是最后一副了，但我们可以马上从厂家订货，也可以帮您从我们的网店查一下有没有货。"

另外，如果顾客不是非要买该产品不可，但又急需使用，你可以推荐一个替代产品，例如："您想看看近似颜色的产品吗？"

对于店里只剩下样品的情况，应该提前安排好要如何应对。如果你能够马上提供解决方案，顾客也就更容易同意。

专栏3

当店里缺货时，要确认清楚顾客何时需要

当店里没有顾客想要的尺寸或颜色时，你可以提议："我们可以从厂家订货。"但是，顾客可能明天就要使用，或者今天只是来随便看看，所以要确认清楚他们何时需要。

我在一家家居店为顾客服务时就遇到了这种情况。

当时，顾客需要一张床单，店里却正好缺货。我问他："需要我们从厂里为您订货吗？您着急用吗？"他说："我下个月要搬家，我会买一张新床，想知道你们这里有什么样的产品。"

于是我建议道："我们下次进货是在一周后，到了那时您可以比较一下。到货后我可以帮您留起来，正好能赶上您搬家的时候使用。"然后，顾客高兴地说："那就太好了！"

当顾客问"你们有……吗？"，但店里现在没货的时候，应该向顾客询问："您着急用吗？"

如果顾客说他们着急用,就为他们推荐一个替代产品;如果他们说只是想先看看,就告诉他们什么时候有货,这样就能够让顾客满意了。

如果你问顾客什么时候需要,然后提出解决方案,会给顾客一种贴心周到的印象。

第 4 章

顾客喜欢的措辞和不喜欢的措辞

31 当你想向顾客推荐一个更合适的产品时

不满 > 推荐时一味迎合顾客的喜好

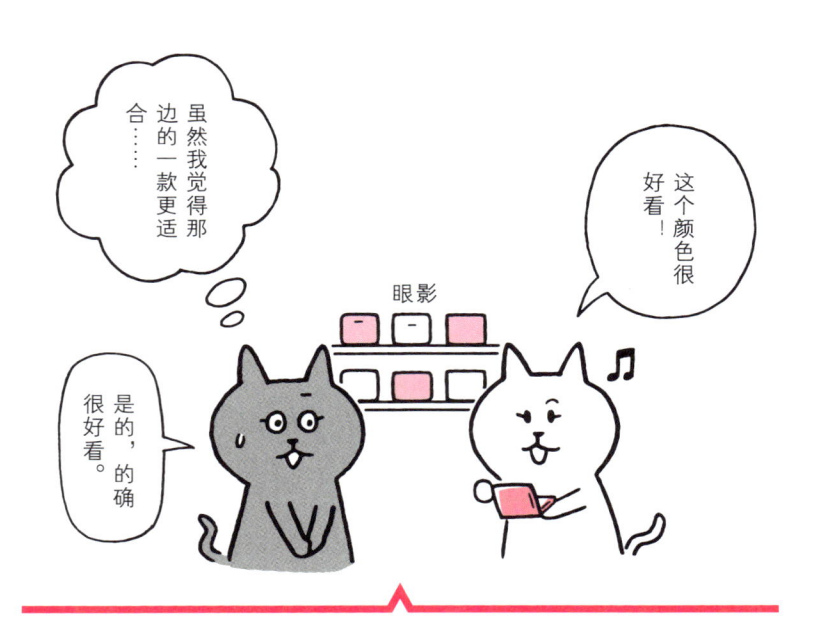

> 虽然我觉得那边的一款更适合……

> 这个颜色很好看！

> 是的,的确很好看。

眼影

如果你只是一味迎合,就会显得不可靠。

第 4 章 | 顾客喜欢的措辞和不喜欢的措辞

满意 告诉顾客你还推荐这款产品，并说明原因

> 您手里那个颜色很适合您。

> 啊！这是平常我自己不太会选择的颜色。

眼影

> 另外，我也推荐这个颜色，因为它与您的瞳色很相配。

这样会让顾客有一些意外的发现，
从而对你的专业程度感到钦佩。

通过向顾客建议"这个也不错",来扩大他们的选择范围

当顾客对某一产品感兴趣时,导购即使认为"另外一款产品其实更适合他……"通常也很难开口提出不同的意见。

不过,作为一名导购员,有时候也可以通过提供诚实的建议来获得顾客的信任。**为了让顾客没有抵触地接受你的建议,可以以帮助他们扩大选择范围的方式,告诉他们"这个也不错"。**

有一次,我想买一个眼影。当我拿起一款与我当时眼睛上涂的颜色很相近的眼影时,导购员过来推荐道:"您手里那款很适合您,不过这款的颜色与您的瞳色也很相配哦。"

我原来的想法是,我很喜欢现在眼睛上涂的这个颜色,所以想找一款颜色差不多的眼影,但我意外地被这个新鲜的建议打动了。

根据这一经验,在帮助顾客挑选产品时,我也会真诚地告诉他们:**"您手里那款也很不错,但这款更能衬托您的气质",或"我会推荐这款"。**

我原本认为,导购员表达自己的意见会显得很厚脸皮,但没想到每位顾客都很乐意接受我的建议,纷纷表示:"很高兴能够发现新的产品",或"很高兴能够购买一款自己平时不太会选择的产品。"

当然,如果你以强硬的方式表达你的意见,或者直接否定顾客的选择,就会引起一些顾客的反感。而如果你先告诉顾客,"您手里的这款也很不错",就会在表达自己的意见时,让人听起来更顺耳,更容易接受。

我们应该在尊重顾客意见的同时,尽量表达自己的意见。当你不断地与顾客沟通,你就会成为他们一个可靠的顾问。

32 ▶ 在推荐帮助顾客改善个人问题的产品时

不满 ▶ 直截了当地讲解产品的功能或效果

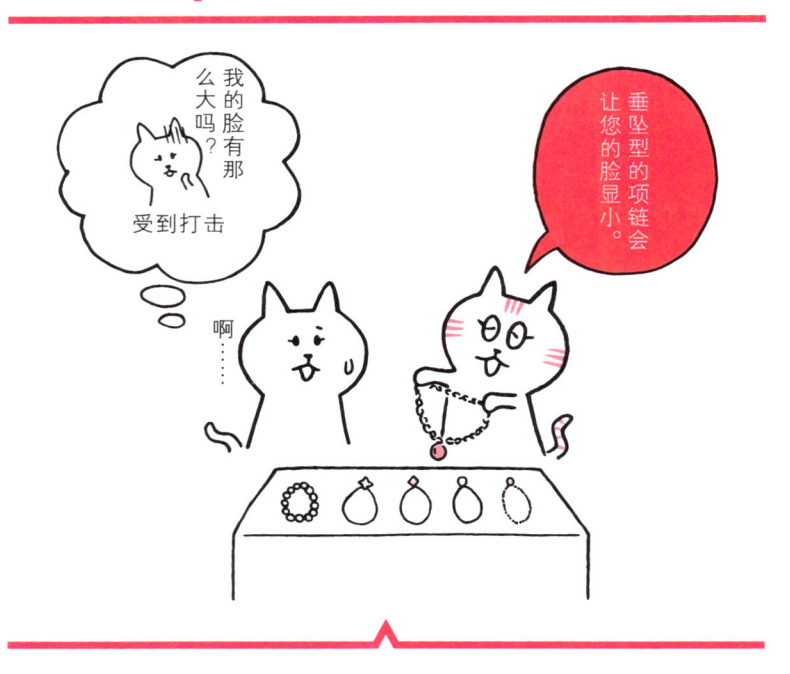

> 我的脸有那么大吗?
> 受到打击

> 啊……

> 垂坠型的项链会让您的脸显小。

产品的优点有时会让人联想到相反的意思,
从而伤害到顾客的自尊心。

第 4 章 | 顾客喜欢的措辞和不喜欢的措辞

满意 > 从自己的角度或立场,来讲解产品的功能或效果

瘦脸功效

真不错,我也想让脸显得小一些!

我戴这种项链,会让脸显小。

从自己的角度介绍,就不会显得话里有话,让顾客产生误会。

139

将一些"敏感话题"的主语换成自己

有一些"敏感的话题",可能会让顾客误解成相反的意思,尽管你根本就没有那个意思。

例如,当你介绍一件衣服很显瘦时,有时会让顾客误以为你是在说他很胖。

为了避免这种情况,你可以**把话题的人称换成自己,同时提出建议,这样就不容易产生误解了。**

有一次,我在饰品柜台为顾客服务。之前我曾了解到,垂坠型的项链强调了垂直的线条,能使脸看起来显小。然而,明明顾客并没有询问,我却直接介绍说"这款会让您的脸看起来显小",结果给人很不礼貌的感觉。

当我一直在思考应该如何向顾客介绍时,有一天,我去了一家服装店想买一条长裤。然后店里的导购拿自己举例子,向我介绍道:"**这条裤子我穿上去很显腿长,所以我自己也很喜欢这一款。**"我也同样希望裤子穿上去能显腿长,于是对该产品越来越感兴趣。

我从这次经历中得到了启发,再向顾客推荐垂坠型项链时,我会说:"**这款项链我戴上后很显脸小,所以我自己也很喜欢这一款**。"这样就不会显得话里有话,让顾客产生误会了。

在介绍其他与外表、能力或经济实力有关的产品优点时,如"它会遮掉你的小肚子""手笨的人也能操作",或"房子再小也能放得下",等等,应该把句子的主语换成你所服务的顾客以外的人,比如"我……"或"其他顾客……"。

对于那些"顾客一旦了解就会心动"的产品的亮点来说,如果仅仅因为不好解释就放弃介绍的话,那就太可惜了。

33 ▶ 当你想告诉顾客在使用产品后，他们发生的变化时

不满 ▶ 贸然地赞美顾客："您这样很显年轻。"

> 反正我已经老了！

> 这款配饰让您显得很年轻！

那些让顾客觉得"反正我……"的措辞，会给人没礼貌的感觉。

第4章 | 顾客喜欢的措辞和不喜欢的措辞

满意 > 使用"您看起来更年轻了!"这样的措辞,来告诉顾客发生了变化

真的吗？
谢谢你！

您看起来更年轻了！

使用"更"这个词,可以消除负面的印象,
不会让人觉得没礼貌。

避免轻率地"恭维"

有时，导购员对顾客的赞美，如"您这样很显年轻"，会给人一种"导购员有优越感"，或"把顾客当作大妈"等不舒服的感觉。在这种情况下，**如果加上一个"更"字，听起来就会顺耳许多**。

有一次，我帮助一位中年女性顾客挑选一款夸张的耳饰。

当我告诉她"戴上后显得年轻了"时，她苦笑着说："是啊，反正我已经不年轻了，必须努力打扮了。"

"年轻"这个词容易让人联想到相反的意思，所以这种赞美传到对方的耳朵里，有时就变了味。

自从这件事后，我会有意加上"更"这个词，比如"您看起来更年轻了"。这样一来，就能够表达出"您一开始就看起来很年轻"的细微的言外之意，听到这种赞美，顾客们都会一边谦虚地说："哦不，我已经是个老太婆了"，一边掩饰不住笑意。

除了"显年轻"之外，一些表示"有所改善"的词语，如"显苗条""给人亲切的印象"或"变得拿手了"，都可能被品出"他认为我原本不是那样的人"的言外之意。虽然有些顾客根本不介意,但你永远不知道哪些顾客会这么想。

有时候你想告诉顾客,实际穿戴过产品后,他们的变化令人惊讶。在这种情况下,可以使用诸如**"越来越××"**或**"更××"**的短语来表达。

顾客其实都希望通过购买产品,来获得某种改变。当你告诉他们这种变化时,他们就会更有购买该产品的意向。

而在强调产品"能帮助顾客展现最好一面"的作用时,我们应该注意自己的措辞。

34 在向顾客介绍产品的卖点时

不满 > 用顾客意料之中的话语来介绍

本来就是啊。

您看

这款睡衣很保暖！

如果顾客认为"当然是这样的"，就表示产品的卖点宣传得不到位。

第 4 章 | 顾客喜欢的措辞和不喜欢的措辞

满意 〉介绍体验时的实际感受

暖乎乎

是吗？我正好很怕冷。

从你穿上它的那一刻起，就会感觉暖乎乎的！

顾客更容易了解和想象出产品的卖点。

向顾客介绍使用产品时的感受，就能让他们了解到产品的与众不同之处

许多睡衣都拿"保暖"和"亲肤"作为卖点，同质化严重，顾客很难区分各家店的产品有什么不同。

在这种情况下，应该把你实际试用产品时的感受介绍给顾客，例如，"我一穿上它，就觉得暖乎乎的"。

有一次，我想买一件保暖睡衣作为礼物送给一个怕冷的朋友，于是我咨询了一家网店的客服，客服推荐了一个产品。

产品介绍的页面中写道，这款睡衣"穿起来很舒服，就好像有一股暖流缓缓地围绕着你"，这样的形容让我觉得，仿佛光是看了这句话，就会让人体温上升。

像这样，**不要只介绍"保暖"的功能，而是把自己的感受用语言表达出来，就能更好地宣传产品的卖点。**

此外，可以把"酸"换成"酸爽"，把"亲肤"换成"温和得让人想一直触摸它"等等，像这样说出自己的感想。

当顾客听到导购员真实的使用感受时，他们更有可能想要尝试和购买。

为了能够把使用产品时的感受表达出来，我们应该养成随时思考"如何把现在的感受转化为文字"的习惯。

从这样的积累中产生的话语往往更有个性，能给顾客留下更深刻的印象。

35 ▶ 在向顾客推荐他不了解的产品时

不满 ▶ 用术语或行话进行讲解

???

结构?

这款红酒能让人品尝到明显的结构。

对葡萄酒不甚了解的顾客,
就没办法感受到产品的魅力。

第4章 | 顾客喜欢的措辞和不喜欢的措辞

满意 > 用完全外行的人也能听懂的话语进行讲解

我很喜欢单宁口感!

这款红酒带有醇厚的单宁口感（涩味）和橡木香。

给人以贴心周到的感觉，
让对产品不甚了解的顾客也能感受到产品的魅力。

避免使用术语或行话

商店里出售的各种产品，都有其独特的表述用语。

例如，服装产品中的"个性化穿搭"，家装产品中的"工业风"，以及化妆品中的"丰富的质地"等术语。

如果使用这些词，**就很难让不了解它们的顾客弄明白产品的优势，所以要尽量把它们换成容易理解的词语。**

有一次，我打算买一瓶红酒来庆祝自己的生日。

下定决心之后，我提前在网店上查了一下，但描述中充满了"结构（Structure）"和"质感（Texture）"等英文的专业术语，让我看得一头雾水。

我心想："如果我直接去店里，也许能了解得更详细。"于是我来到了他们的实体店。

当我拿起我在网店上看到的一款产品时，一位工作人员用通俗易懂的语言向我介绍道："这款酒带有单宁口感（涩味）。当你把它含在口中时，还可以品到微微的橡木桶为葡萄酒带来的风味。"

我说明了我是初学者后，就没有负担地询问道："橡木桶是指装酒的木桶吗？它的味道苦吗？"导购员对我提出的初级问题耐心地做了解答，多亏了他，我才得以品尝到适合自己口味的红酒。从那时起，我就一直从那家店购买红酒。

导购员口中的"常用语"，到了顾客耳朵里，就成了"似懂非懂"的语言了。因此，**能够迎合顾客，使用他们容易理解的词语进行介绍，也是一家店的优势所在。**

36 在介绍一个产品时,使用拟人化的称谓

不满 把产品称为"这个小家伙"

> 听起来怪怪的!

> 这个小家伙的味道很好闻,很清新。

用拟人化的称谓称呼产品的时候,会让人感觉很奇怪。一些顾客甚至很反感这种叫法。

第 4 章 | 顾客喜欢的措辞和不喜欢的措辞

满意 〉介绍产品时，自然地表达出你对产品的喜爱

> 他很推荐这款产品呢！

> 这款产品的气味很不错，闻起来很清爽。

从对产品的描述中，自然地流露出你对产品的喜爱之情，给人以礼貌、正式的印象。

155

把产品称为"这个小家伙（小可爱）"，是可以让人接受的吗？

有些导购员认为，以拟人化的称谓称呼产品，如"这个小家伙（小可爱）"，有助于表达他们对产品的喜爱。**然而，有不少顾客都对此感到不舒服，所以要避免这样做。**

有一次，我和我的朋友站在货架前，正在纠结买哪一款香水，此时导购员走过来热情地接待了我们。

在询问了我朋友的喜好后，他微笑着推荐道："这个小家伙的味道很好闻，很清新。""这个小家伙怎么样？它是本店最为推荐的小可爱。"

付款后，导购员也依然保持着微笑，送我们出店时还对我们说："请多多使用它。"

离开商店后，我的朋友小声嘀咕道："导购员很有礼貌，但我对'小家伙'这个词有点反感。"我朋友的性格比较直爽，他觉得把产品拟人化很奇怪。

其实，我们要避免把产品拟人化，而应该直接称其为"这款产品"。

这是因为许多顾客认为，当你把产品称为"这个小家伙（小可爱）"时，是在把你的感觉强加给他们。而且这样做很奇怪，因为它并不是一个生物。当然，当顾客称呼产品为"这个小家伙"时，我们也可以配合顾客这样称呼它。

　　此外，**一些顾客对"请＿＿＿＿它"这句话感到不舒服**。一些顾客认为，这样一来，明明自己已经花钱购买了产品，却觉得它仍然属于商店或导购员，这种感觉让人很不爽。这种情况下，**直接表达为"请＿＿＿＿"即可**。

37 ▸ 充分地介绍"必要的信息"

不满 ▸ 用"所以……"结束一句话,而不把话说清楚

> 这双鞋的款式是浅口的,所以……

……

所以呢……

顾客并不清楚你的意思,
想问"然后呢""所以呢"。

第 4 章 | 顾客喜欢的措辞和不喜欢的措辞

满意 ▷ 把"所以……"后面的内容补充完整

> 这个导购员很懂行!

> 哦,所以我应该选择一款浅口鞋。

> 这双鞋的款式是浅口的,所以很适合您穿。

清楚地说明结论,
会使顾客觉得你很可靠。

159

不要说完"所以……"后就此打住，把话说一半

"这款衣服穿起来很宽松，所以……"——你是否会像这样，用"所以"作为一句话的结尾呢？

其实，我们应该把话说完整，把你的建议或需要介绍的内容清楚地表达出来。

我曾工作过的那家服装店里，有一位前辈同事，因为其推荐产品显得特别有说服力，所以很受顾客欢迎。其中一个原因是，他在向顾客介绍产品时，会把话说完整。

例如，**他不会说"这双鞋的款式是浅口的，所以……"，而会说"这双鞋的款式是浅口的，所以很适合您的脚型"。**

如果导购员说完"所以……"后就此打住，顾客会等待着，看他接下来要说什么，并会不耐烦地想"这个导购员到底想说什么……"有人也可能会开始觉得，这个导购员真不可靠。

为了避免这种情况，我们应该把话说完整。例如，"产品可以试穿，所以请您一定要穿上试试效果"，或"这款穿起来

很宽松,所以不会贴在您的身上"等等,把"所以"后面的话补充完整。

如果你的话含糊不清,就只能从顾客那里得到模棱两可的回应。

如果你使用具体的表达,就更有可能得到一个具体的回应,也就能更好地服务顾客。

38 当你想介绍一个产品的亮点时

不满 一直称赞"很可爱"

（腌菜石）

"它很可爱吧！"

顾客对于事物的认知各不相同，这样无法让他们充分了解到产品的优点。

第4章 | 顾客喜欢的措辞和不喜欢的措辞

满意 用其他词来代替"可爱"

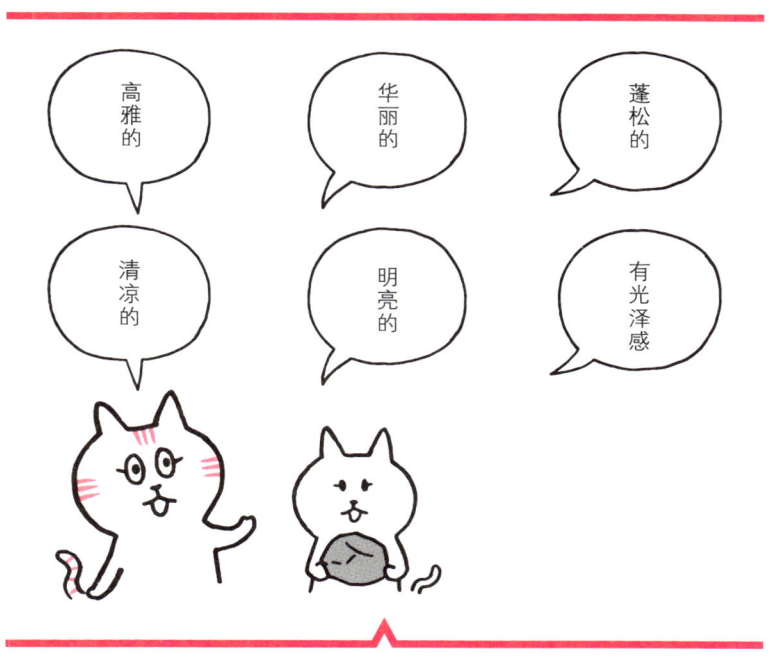

- 高雅的
- 华丽的
- 蓬松的
- 清凉的
- 明亮的
- 有光泽感

用更恰当的措辞表述，可以更充分地传达产品的魅力。

不要什么都用"可爱"来形容

"可爱"是一个非常好用的形容词。

然而,不同认知或不同年龄的顾客,可能会对这个词感到不解,不明白你说的"可爱"到底是怎么个可爱法。如果你选择一个贴合产品且通俗易懂的形容词,将更容易引起顾客的共鸣。

有一次,一位八十多岁的顾客拿起了一个包包。

那是一款清凉色系的包包,带有紫色和蓝色的碎花图案,随意地点缀着珍珠的装饰。

当时我还是一名新人导购,当我向她介绍说:"这款包包很可爱"时,她苦笑着说:"毕竟对我这样的老太婆来说,还是太过可爱了。"

这引起了我的思考:**如果我能用"可爱"以外的词语来形容它**,那个顾客可能就会想要购买了吧?于是我开始寻找其他的表达方式。

结果,我意外地发现了很多诸如"漂亮""知性""高雅"

之类的词。

后来，又有一位顾客拿起了那款碎花包包挑选着，我马上向他介绍道："这款包包显得优雅又清新"，顾客高兴地点点头说："的确如此啊。"

在与顾客沟通时，使用能够引起顾客同感的表达，是非常重要的。

试着用"漂亮""知性""高雅"等常用词，来代替"可爱"这个词，能引起顾客的积极回应。

专栏 4

如果你一定要用"可爱"一词时

正如本章前文提到的,用其他词来代替"可爱",将更容易把产品的优势介绍给顾客。不过有时候,你会觉得"可爱"一词非常合适,非用它不可。

在这种情况下,你可以真诚地说:"它真的非常可爱!"

我有一个后辈同事的口头禅就是"可爱",所以在推荐产品时也喜欢说"可爱"。虽然这样让人怀疑"她真的这么认为吗",但是,当她说产品"可爱"时,顾客就会对她微笑。

这是因为,当她真诚地推荐她认为可爱的东西时,就会在"可爱"之前加上"太"或者"真",比如:"哇,这太可爱了!"或"这真是太可爱了!",两种表达方式有明显的区别。

她说"太可爱了"的时候,总是元气满满,所以顾客觉得她很真诚,一定没有说谎。于是顾客就拿起了以前不那么感兴趣的产品一直看。

如果你想不出一个短语来代替"可爱"这个词,可以尝试用有感情的方式说出它。

这也可能不是一个准确的表达,但情绪能充分地感染到顾客。

第 5 章

顾客喜欢的试穿（试用）方式和不喜欢的试穿（试用）方式

39 当你推荐顾客试穿、试用时

不满 立刻建议说"您可以试一下"

（我只是刚刚看到了这个产品。）

（您也可以试穿我们的衣服。）

如果顾客对产品不感兴趣，他们就不想尝试该产品。

第5章 | 顾客喜欢的试穿（试用）方式和不喜欢的试穿（试用）方式

满意 ▶ 激发顾客对产品的兴趣后，再推荐他们试穿、试用产品

激发顾客对于产品使用效果的想象，
让他们想实际地体验一下。

顾客对"您可以试一试"不感兴趣的原因

当导购员建议顾客试穿服装或试用化妆品时，顾客的反应往往很冷淡。

这是因为顾客没有尝试的欲望。在为顾客服务时，我们应该先引起他们对产品的兴趣，再建议他们试穿或试用。

在我工作的生活杂货店里，导购员不会与正在挑选衣服的顾客搭话，顾客如果想要试穿一件衣服，会自己找导购员询问。

经常观察顾客你会发现，他们中很少有人会在拿起一件衣服后，马上去试穿。每个顾客都会先对着镜子，把衣服搭在自己身上比量；或者盯着产品，同时仔细思考应该如何搭配后，才前往试衣间。

掌握了这个实际情况后，我意识到，如果顾客对产品没有兴趣，或者没有想象自己穿着它的样子，他们就不会想要去试穿。

从那时起，在为顾客服务时，**我会先形容一下穿上产品后的效果。**

第5章 | 顾客喜欢的试穿（试用）方式和不喜欢的试穿（试用）方式

比如"这款衣服显高显瘦"，或者"这款衣服柔软轻盈，穿起来很舒服"，然后再建议他们试穿。这样一来，他们会更容易接受，想要试穿的顾客也越来越多了。

我们应该先介绍产品，提高顾客对产品的兴趣，引发他们对产品的想象，然后再鼓励他们试穿。

40 在顾客试用产品时

不满 只是静静地看着,什么都不说

嘈杂

说点什么吧!

嘈杂

顾客被导购员和其他人的视线所干扰,没办法很好地体验。

第5章 | 顾客喜欢的试穿（试用）方式和不喜欢的试穿（试用）方式

满意 ▷ 配合顾客的行动与其交谈

比想象中要硬一些，是吧？

和其他产品一比较，就更明显了。

我们可以介绍体验的重点，
帮助顾客找到更合适的产品。

顾客在试用产品时，导购员不要显得置身事外

导购员在顾客试用产品时一言不发，会使两个人都感到尴尬。

在这种情况下，你可以通过与顾客交谈，并询问他们的感受，来创造一种轻松的氛围。

有一次，在向顾客展示一款床时，请他躺在上面，实际体验一下床的舒适度。

然后，我站在床边，一言不发地耐心等待，想让顾客好好感受一下。

但顾客似乎无法忍受这种沉默的气氛，尴尬地马上坐了起来。

这种情况下，导购员应该半蹲下来，以便把身体降到顾客的视线范围内。**然后告诉顾客，对于他们可能感受到的体验，自己也有同感，比如："比想象中要硬一些，是吧？"**

如果是服饰店的导购，可以和顾客一起站在镜子前，帮他

们看一看试穿的效果；或者如果顾客想看一款包包的内部，导购可以帮他们把填充物拿出来，等等。我们可以建立一个体贴关照顾客感受的"用语库"，以便在顾客试穿、试用时，能及时来运用，如"它可以成为整个搭配的亮点""这款包的容量比看上去还要大"，或"内附笔记本电脑保护袋"等等。

导购如果像这样，**通过行动和语言，将关切融入到顾客的试穿、试用活动中，就可以避免让顾客感到尴尬。**

41 当顾客在试穿后,看起来神情不悦时

不满 对顾客的介意之处不闻不问

（肩膀这里很奇怪……）

（这种面料穿起来很舒服……）

顾客如果有介意的地方,就听不进去导购的介绍。

第5章 | 顾客喜欢的试穿（试用）方式和不喜欢的试穿（试用）方式

满意 ▷ 消除顾客的介意之处

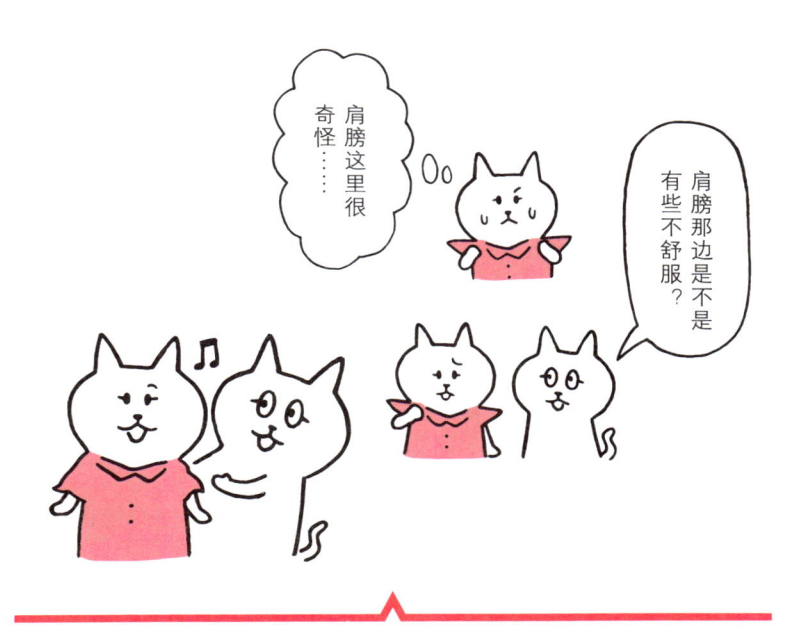

解决顾客介意的问题，
会使他们更容易听进去你的介绍。

179

不要在顾客试穿后，立即向其介绍产品

当顾客在试穿后，看起来神情不悦时，你是否会急忙补充上产品的介绍，比如"这种面料穿起来很舒服……"呢？

顾客之所以看起来不高兴，可能是因为他们有介意的地方。 如果顾客感到介意，那么无论导购员如何热情地介绍产品，他们都很难听得进去。

有一次，一位顾客从试衣间出来后，照了照镜子，然后就一直默不作声。我不知道原因，但我还是继续介绍了产品。

然后，冷场了一会儿，顾客便放弃了购买，说需要再考虑一下，并抱歉地告诉了我原因："我只是觉得，这里显得肩膀太宽了。"

我很后悔没有先确认他默不作声的原因，以至没能向其说明穿着技巧。

如果顾客在试穿衣服后面露难色，应该试着通过观察顾客的视线和动作，找出其中的原因。

当顾客一边照镜子一边摸着同一个地方，或者走近镜子想要看得更仔细的时候，就可以问他们："**＿＿＿＿怎么样？**""**＿＿＿＿有不舒服的地方吗？**"这样会使顾客更容易说出介意的问题，增强他们的信任感，并使他们能够放心地接受导购员的服务。

此外，如果你能消除他们的担忧，他们将更容易关注产品的优点。所以，先别急着介绍产品，而要先打探出顾客有没有介意的地方。

42 在查看"尺寸是否合适"时

不满 询问顾客"您觉得怎么样?"

> 您觉得尺寸还合适吗?

> 我不确定。我想听听你的意见啊。

顾客想知道专业人士(其他人)的意见。

第5章 | 顾客喜欢的试穿（试用）方式和不喜欢的试穿（试用）方式

满意 > 主动帮助顾客查看试穿的效果

> 我帮您看一下尺寸合不合适！

> 肩部剪接线压在肩骨上，所以尺寸刚刚好。

如果顾客从专业人士那里得到了建议，
就能够放心和满意地购买。

183

在顾客试穿一件衣服后，导购要对"尺寸是否合适"给出专业的意见

似乎有许多导购员认为，顾客是做决定的人，所以最好不要发表自己的意见。

不过，**顾客有时也会向导购员询问他们专业的意见。**

有一次，一位顾客在试穿一件大衣后，我问他："您觉得尺寸还合适吗？"这时，顾客看起来有点为难，他反问道："从导购员的角度来看，你觉得怎么样？"

顾客想知道，从销售员的专业眼光来看，这个尺寸是否适合自己。

这是因为，顾客想选择自己喜欢的尺寸，但有时又对自己的判断不放心。

但如果这个产品得到了导购员的专业认可，比如："肩线很贴合，没有多余的折痕，所以很合身"，顾客就可以放心地购买。

如果顾客的表情或动作，表现出难以做出决定的样子，导购员应该主动说："让我帮您看一下尺寸合不合适"，**并告诉顾**

客理由或查看的要点，比如你为什么认为这个尺寸合适，或者他们为什么应该尝试其他尺寸，这会让顾客觉得更可靠。

  这个原则不仅适用于服装部门，还适用于化妆品、家居等部门的导购，在提供尺寸、颜色和搭配方面意见的服务时。

  最后的决定是由顾客做出的。而当顾客需要一些判断的依据时，他们也希望导购能够主动分享自己的意见。

43 > 当顾客从试衣间出来的时候

不满 > 只顾着介绍"产品"

（气泡）这款的颜色是今年的流行色……

偏离了顾客"想确认产品是否适合自己"的目的。

第5章 | 顾客喜欢的试穿（试用）方式和不喜欢的试穿（试用）方式

满意 > 把顾客和产品结合在一起

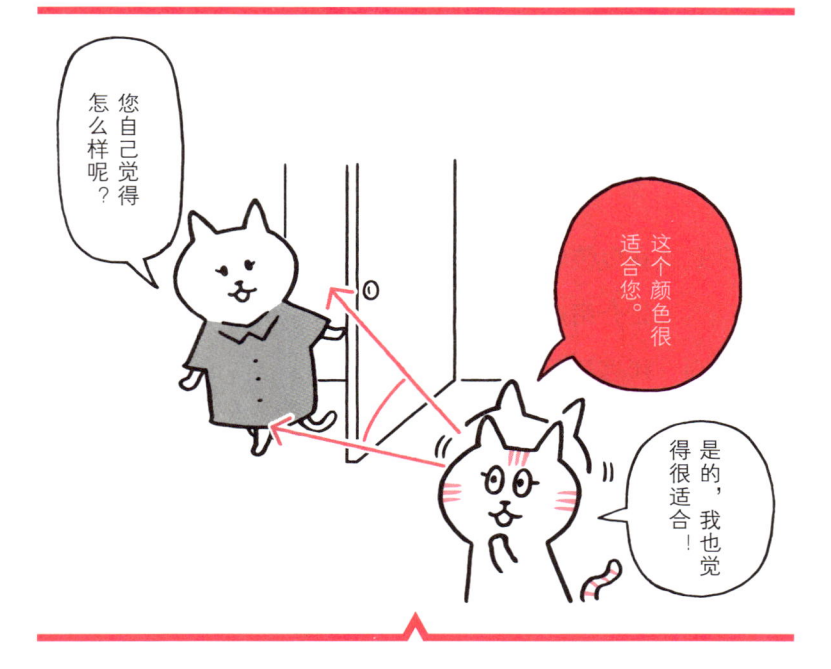

您自己觉得怎么样呢？

这个颜色很适合您。

是的，我也觉得很适合！

顾客知道了产品是否适合自己，
所以对试穿很满意。

不要只顾着介绍产品有多好

顾客试穿产品，是为了看看产品是否适合自己（穿在身上是否好看）。

顾客可以在互联网上查看产品，但很难独自判断它们是否适合自己。

这时，就需要导购员的观点发挥作用了。

那是我在服装店当导购时候的事。一位顾客从试衣间出来后，我就开始介绍产品的优点："这件衣服的版型很好看。"

然而，顾客只是含糊地点了点头。

有一次，另一位顾客来到了店里，我的一位前辈同事帮助他试穿了同一产品。

随后，这位同事**结合顾客的情况介绍了产品的特点**："您的皮肤很紧实，所以这种面料就很衬您这种皮肤。"

顾客饶有兴趣地听着，说道："哦，是吗？我之前不知道，我的皮肤和衣服之间还有这样的关系。"能够听到如何选择适合自己的产品，他显得很高兴。

第 5 章 | 顾客喜欢的试穿（试用）方式和不喜欢的试穿（试用）方式

之后，顾客一边试穿另一款产品，一边愉快地与这位同事交流，并向他问道："这件衣服适合我吗？"然后满意地决定购买该产品，说："好，这个也帮我装起来，谢谢。"

顾客都想知道，产品是否适合自己。这对于服装以外的产品来说，也是如此。如果你从导购员特有的客观角度，来告诉顾客产品将如何使他们受益，他们就会放心地购买该产品。

44 ▶ 当你想问试衣间里的顾客是否已经换好了衣服

不满 ▷ 询问："您试穿的感觉如何？"

顾客不知道该怎么回答。

第5章 | 顾客喜欢的试穿（试用）方式和不喜欢的试穿（试用）方式

满意 > 直接询问："您换完衣服了吗？"

> 好的！

> 您换完衣服了吗？

> 如果换好了，可以用外面的镜子看一看效果。

方便顾客回复，以及进行后续的服务。

确认试衣间里顾客试穿的情况时，可以问："您换完衣服了吗？"

你是否有过这样的经历：当你对在试衣间里换衣服的顾客说"打扰了，您试穿的感觉如何"时，得到的却是含糊不清的回答？

这可能是因为，**从顾客的角度来看，当他们被问到"感觉如何？"时，他们不知道你的意思，于是就很难做出回答。**

有一次，我对一位正在试衣间里试穿衣服的顾客说："打扰了，您试穿的感觉如何？"但没有得到回复。

我想他可能没有听到我的话，所以我又大声说了几遍，但顾客仍然没有反应。

过了一会儿，顾客从试衣间里出来，已经换上了自己的衣服。他说："很抱歉，我不知道该说什么。我想考虑一下。"然后把他试穿的产品退了回来。

事后，我一直在想，询问试衣间里顾客的试穿情况时，怎样问能够让顾客更容易回答。

首先，**在试穿之前，如果先告诉顾客："您差不多换好衣

第 5 章 | 顾客喜欢的试穿（试用）方式和不喜欢的试穿（试用）方式

服时，我会招呼您。请您用外面的镜子看一看试穿的效果。"就能让顾客有心理准备。

然后，等到时间差不多的时候，就靠近试衣间的门，对顾客说："打扰一下，您换完衣服了吗？如果换好了，可以用外面的镜子看一看效果。"这样就能立刻得到顾客的回应，比如"我还没换好"或"我现在就出来"。

在顾客试衣前和试衣期间，以这种方式和他们交谈，能够在顾客离开试衣间后，更轻松地和他们交流。

45 当顾客正在试穿时

不满 只依靠"顾客的感觉"

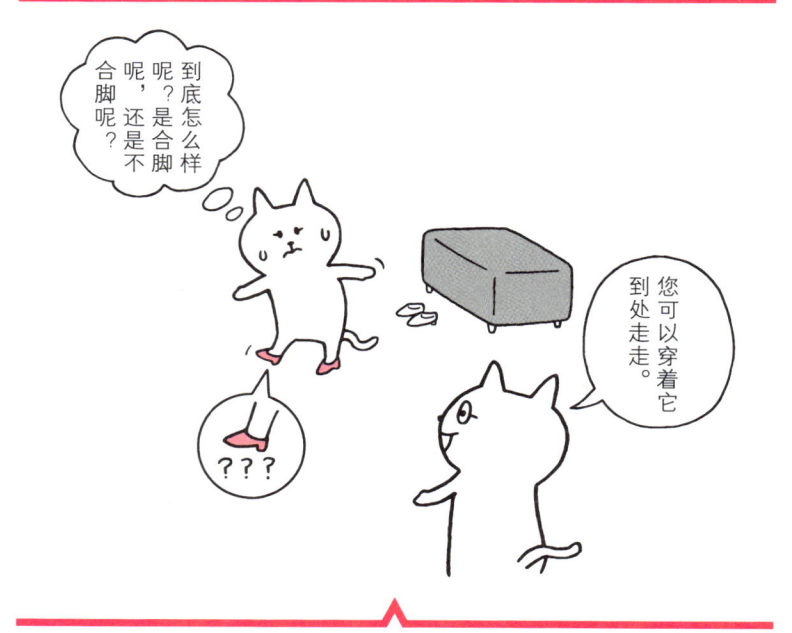

到底怎么样呢?
呢,是合脚还是不合脚呢?

???

您可以穿着它到处走走。

顾客不知道查看的重点,
所以难以决定是否购买。

第5章 | 顾客喜欢的试穿（试用）方式和不喜欢的试穿（试用）方式

满意 > 告诉他们"查看的重点"

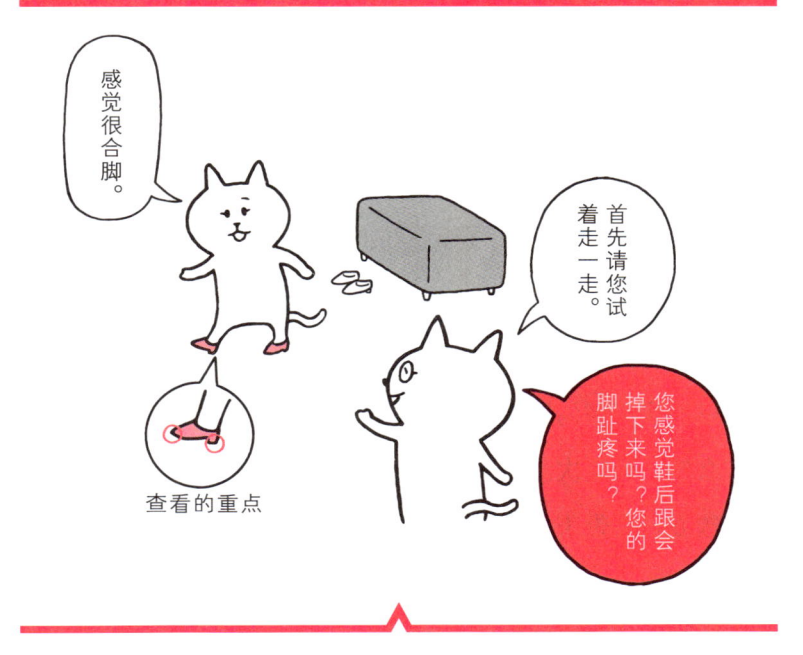

感觉很合脚。

首先请您试着走一走。

您感觉鞋后跟会掉下来吗？您的脚趾疼吗？

查看的重点

告诉顾客"查看的重点"，
会提高他们的满意度和信任感。

195

当顾客在试用产品时，不要任凭他们自己尝试

当顾客在试用产品时，不要宽泛地问："您觉得怎么样？"而是要具体告诉他们应该"查看的重点"。 顾客将这些重点作为判断的依据，会更容易决定是否购买。

有一次，我在一家店里试穿一双鞋。

当我穿着鞋在店里走来走去时，导购员告诉我了一些需要"查看的重点"，比如："觉得鞋后跟松吗？""脚趾挤不挤，疼不疼？"于是我重点查看了这些地方——鞋后跟没有问题，但脚趾有些疼。

过去我买到的鞋子，往往在实际走路时就会掉下来，或者把脚磨破，而这次没有发生这些情况，这让我不禁感叹，正确的挑选方式会带来如此大的改变！

因此，我在帮助顾客试穿的过程中，也会问他们："请弯一下腰。您觉得勒不勒？"并请他们查看。

后来，我得到了一些顾客的反馈，比如他们在店里可以了解到"查看的重点"，可以放心地选择尺寸，回头客的数量也

在增加。

从顾客的角度来看,能够实际试用产品,从导购员那里得到判断依据,听取导购员的意见,是实体店的优势所在。

对于导购员来说,这样更容易在提供建议的同时,从顾客试用产品的行动和话语中了解到顾客关注的问题,然后应用到以后的服务或网店客服中。

不要宽泛地询问:"您觉得怎么样?"而要更具体地告诉顾客,在试穿或试用产品时,应该检查什么地方。

专栏5
当顾客在试衣间内试穿服装时，导购要做什么？

当顾客在试衣间内试穿衣服时，导购都在做些什么呢？大多数人可能会回答："我会去寻找可以搭配的单品。"当然，提供可搭配的单品，并推荐顾客把它们作为一整套来购买，这并没有错。

不过，顾客在试穿一件衣服时，首先想知道的是产品的尺寸是否适合自己。因此，你首先要准备的是"其他的尺寸"。

如果顾客反映："衣服有点小（或大），我不要了"，那么就算导购回答"我马上去拿其他尺寸"，顾客也会说"不，不用了"，然后关上试衣间的门或合上门帘。

另一方面，如果你能迅速向顾客展示，你准备了其他尺寸供他们试穿，他们可能就会愿意再试一试。

如果在推荐整套搭配之前，不能让顾客对正在试穿的产品满意,那么不用说整套搭配,顾客就连身上的这件也不会购买。

当顾客进入试衣间时,要优先为他们准备好"其他尺寸的产品",然后再准备"可供搭配的产品"。

第 6 章

顾客喜欢的接待方式
和不喜欢的接待方式

46 当顾客说"想再转转"时

不满 ▷ 用"就快没货了"来催促顾客购买

顾客觉得,如果没货了,就到时候再说,反正也能从网上买。

第 6 章 | 顾客喜欢的接待方式和不喜欢的接待方式

满意 > 告诉顾客你推荐它的理由，然后送顾客离开

> 好的！我先去转转。

> 您可以慢慢地比较看看。

> 我们这款衬衫的肩线，很贴合您的身材。

有时，顾客会想起产品的亮点，从而再回来选购。

不要用"就快没货了"的借口，来催促顾客购买

当顾客说："我想再转转"而要离开商店时，如果导购员想用"就快没货了"之类的话给人以紧迫感，反而会起到反作用。

导购应该给顾客一个推荐产品的理由，比如"这款产品_____，所以推荐给您，请您慢慢考虑"，这样就能够给顾客留下一个印象，使他们愿意再回到店里选购。

有一次，一位顾客说想去其他店再看看，就准备离开。我觉得顾客非常喜欢这件产品，差一点就要购买了，于是我告诉他，这款产品非常受欢迎，可能等一会儿就没货了。

结果，顾客苦笑着说："如果卖完了，那也没办法。"还是坚持离开了。

过了几天，我去另一家店里选购衬衫。和那位顾客一样，我也想去其他店再看看。

这时，导购员对我说："这件衬衫与您身材的线条非常贴合。您可以慢慢考虑。"然后把我送出了店。

我又去其他商店转了转，但一直无法忘记那件很适合我的

衬衫，最后我还是回到那家店，把它买了下来。

告诉顾客，"我向您推荐这个产品，因为它＿＿＿＿＿＿。请您慢慢考虑"。可以将产品的魅力印在顾客的脑海中。

此外，这样还传达出了一种感觉，即你希望顾客在购买时不留遗憾。所以，与其把"希望你购买"的心情强加给顾客，不如善解人意地说一些体贴的话。

47 当顾客每一件都想要，不知该如何选择时

不满 告诉他们，"每一款都很推荐"

> 这款很好看。

> 这款也很不错。

> 这款也很漂亮。

> 他就是想让我花钱吧！

顾客会怀疑你是想向他们推销产品，从而产生戒备心。

第 6 章 | 顾客喜欢的接待方式和不喜欢的接待方式

满意 > 真诚地告诉顾客自己的意见

> 这个眼影也很好看。

> 这款很可爱,对吧。但它可能与您现在的妆容风格太相近了。

> 那我就买那款吧!

提升顾客的信任感,
让他们可以更放心地做出决定。

207

"每一款都很推荐"并不能打动顾客

顾客不希望被导购员强行推销产品。就算他们对每一款产品都很心仪，不知该如何选择，但如果导购员表示"每一款都很推荐"，他们也会开始想要怀疑，导购员只是想向他们推销产品。

有时，导购员应该明确地表明自己的意见，帮助顾客排除一些目前没必要购买的产品，让他们对自己的选择更有信心。

在季节之交为顾客提供服务时，你可能会遇到这种情况：顾客从试衣间出来，手里拿着许多产品说："这几件我都想要，但我又不能全部买下"，显得十分纠结。

在这种情况下，与其说"每一款都很推荐"，不如向他们解释哪些产品目前不需要购买。

如果你告诉他们"两款产品相较之下，因为＿＿＿＿＿＿＿，所以你现在可能不需要购买这一款"，顾客就会更容易做出决定。

这时候，导购应该向顾客解释清楚，为什么他们现在不需要购买这个产品。

解释有些产品不需要购买时，关键在于，不要用负面的表达方式，而**要用正面的表达方式，比如"这款产品能让你的气色看起来更好"，或"这款产品使用起来更方便"**。

这样一来，顾客就更容易根据导购员的意见做出决定，而不会觉得自己喜欢的产品被否定了。

只有当你用足够的知识和诚意，向顾客表达自己的意见，让他们觉得比起销售业绩，你更在乎顾客的感受，才会让他们觉得满意。从而让顾客产生"想再去那家店""想在那家店买东西"的意愿，也就保证了中长期的销售额。

48 ▶ 当顾客纠结许久，也无法做出决定时

不满 ▷ 一直待在顾客身边，陪他们一起纠结

> 怎么办？怎么办？我必须赶快做出决定！

> 如果顾客感到纠结，我就得陪他一起纠结。

> 这两个都很不错，很难选择是吧？

纠结……

让顾客产生顾虑，觉得导购在陪着自己，如果不买，就显得很不好。

第6章 | 顾客喜欢的接待方式和不喜欢的接待方式

满意 > 暂时离开，让顾客自己考虑一下

> 我一会儿就回来，您慢慢考虑。

> 好的！

松了一口气

顾客可以独自思考，这样会更容易得出结论。

不用陪着顾客一起纠结

有的时候，顾客会纠结于产品的颜色或尺寸，无法决定是否购买。如果在你介绍了产品的优势和需要查看的关键点后，顾客仍然犹豫不决，那么可以暂时离开一下。

这是因为，**如果让顾客冷静下来，自己想一想，可能会更容易找到答案**。

有一次，一位顾客感到犹豫不决："我喜欢这个颜色，但这个颜色也是我的心头好。"我问他为什么感到纠结，并说出了自己的意见，但他还是久久不能做出决定。

于是我靠近顾客，站在他身边说："没关系，我一定会陪您一起拿主意的。"然而，这位顾客用余光看我，显得很不自在，并连连低头说："对不起，我纠结了。"最后，他表示"我再考虑一下，以后再来"，就离开了店里。

在这种时候，**导购应该对顾客说："您慢慢看，我一会儿再回来"，然后暂时离开**。

如果你紧跟在顾客身后，可能会让他们感到不舒服，觉得自己好像被人盯着一样。所以你所处的位置，应该保证手上的动作能够服务于顾客，当顾客抬头找你时，你可以立即做出反应。

如果我暂时离开，然后在大约三分钟后回到顾客身边，顾客往往会一脸轻松地告诉我："我已经拿定主意了！"

陪着顾客一起纠结，是周到的服务；但给顾客时间，让他们自己慢慢考虑，同样会显得你的服务很周到。最后顾客通过"自己拿定了主意"获得了满足感，从而对你的服务感到满意。

49 在收银台与顾客闲聊时

不满 询问顾客"接下来有什么安排?"

我不喜欢被打听私人的事情!

呃……

您今天剩下的时间有什么安排?

顾客会觉得,不想谈这个话题。

第 6 章 | 顾客喜欢的接待方式和不喜欢的接待方式

满意 > 强调一遍你刚才告知顾客的内容

> 正如我刚才所说,这种酱汁浇在肉上很好吃,请您回去一定要试试这种做法!

> 我学到了很多东西,这很有帮助!

顾客会很庆幸"我买到了好东西",
使用后的满意度也会提高。

顾客不喜欢被打听"接下来有什么安排"

在收银台前闲聊，能拉近与顾客的距离。不过，有些顾客不喜欢讨论与本次购物无关的话题。在这种情况下，**导购可以强调一遍刚才告知顾客的内容，或补充一些没来得及告知的内容。**

有一次，在收银台前与一位顾客闲聊时，我随便问了一句："您接下来要去什么地方吗？"顾客只好苦笑着回应道："是啊，我稍微去一下那边……"这之后，我们之间变得很尴尬，在一起也聊不起来了。

尽管我只是想挑起一个话题，但顾客可能并不想多说。

几天后，我和另一位顾客站在收银台前，他向我问道："你刚才告诉我的搭配是什么来着？"

这时我才意识到，对于服务时你所说的话，顾客不会只听一次就能记住所有的内容。如果我在收银台前再讲一遍，他们会很乐意再听一遍。

自那以后，**我会把自己刚刚在服务过程中告诉他们的事项，或者自己刚刚没来得及告诉他们的保养产品的方法，当作在收银台闲聊的开场白。**

　　顾客对于如何使用或保养他们所购买的产品，也听得津津有味。大多数顾客离开商店时，脸上都带着微笑，并表示："我会回去试一试。"

　　与其强行用无关的话题来填补对话的空白，不如在收银台前告诉顾客一些技巧，帮助他们更好地使用产品，享受产品带来的好处。这样既给顾客留下了好印象，又提高了他们购买后的满意度，可谓一石二鸟。

50 ▶ 当你送顾客离店时

不满 ▶ 用"套话"感谢顾客光顾

> 虽然很有礼貌,但是感觉很生分。

> 非常感谢!欢迎下次光临!

顾客明明获得了良好的购物体验,
但突然拉开的距离,会让他们觉得很生分。

满意 > 用"你自己的话"感谢顾客光顾

> 谢谢你！我会再来的！

> 很高兴为您的选购提供帮助。期待您在换季时再度光临！

让顾客感觉获得了良好和愉快的购物体验，并愿意再次到店消费。

通过告诉顾客"期待您再次光临",加强与顾客之间的联系

在出口处送顾客离店时,如果导购员机械地说:"非常感谢!欢迎下次光临!"会让顾客觉得过于套路化,并为你们在愉快地交谈后突然变得疏远而感到失落。

送顾客离店时,应该怀着期待再会的心情,对顾客说"期待您在_____时能再度光临",让他们带着温馨的感觉离店。

曾经有一段时间,我对于与新客愉快地交谈这件事,越来越得心应手。

有一次,我一边说着"祝您旅行愉快",一边把顾客送到了出口。但当我一口气说完"非常感谢!欢迎下次光临!"时,顾客却显得有些失望。

谈话本来很愉快,但当我送他离店时,却生分地背了一番套话,结果让顾客觉得我们的距离一下子疏远了。

顾客脸上的表情让我记忆犹新,我意识到,我一直没能用自己的话表达出"我很喜欢和顾客交谈,并希望再次为他们

服务"的心情。

从那时起,我会在送顾客离店时,更加用心地对他们说:"今天和您聊得很愉快,天气变冷的时候,期待您的再次光临。"

这时,顾客会微笑着说:"我还会再来的",当他们再来光顾时,我们也更加地熟络和亲切。我与顾客的关系变得更加融洽,顾客的数量也随之增加了。

告别的话语会被永远记住。一定要把你的感受表达出来,维系与顾客的关系,期待再会。

结 语
CONCLUSION

思考"顾客想要什么样的服务？"

许多导购员似乎都对人的心理很敏感。

这就是为什么，当他们觉得顾客"不喜欢"他们的服务时，会感到沮丧。

但如果你在沮丧的情绪下，仍然能够为顾客着想，那么在成为一名优秀导购的道路上，你正在一步步取得进步。

本书主要想传达这样一种思维方式——如果你总是考虑到顾客的需求，并采取相应的行动，你就会让顾客满意。

如果你能设身处地为顾客着想，那么无论在什么地方、无论什么产品，销售都不再是个难题。如果这本书能对你在这方面有所帮助，我将甚感荣幸。

谢谢你读到最后。

关于"服务的细节丛书"介绍：

东方出版社从 2012 年开始关注餐饮、零售、酒店业等服务行业的升级转型，为此从日本陆续引进了一套"服务的细节"丛书，是东方出版社"双百工程"出版战略之一，专门为中国服务业产业升级、转型提供思想武器。

所谓"双百工程"，是指东方出版社计划用 5 年时间，陆续从日本引进并出版在制造行业独领风骚、服务业有口皆碑的系列书籍各 100 种，以服务中国的经济转型升级。我们命名为"精益制造"和"服务的细节"两大系列。

我们的出版愿景："通过东方出版社'双百工程'的陆续出版，哪怕我们学到日本经验的一半，中国产业实力都会大大增强！"

到目前为止"服务的细节"系列已经出版 136 本，涵盖零售业、餐饮业、酒店业、医疗服务业、服装业等。

更多酒店业书籍请扫二维码

了解餐饮业书籍请扫二维码

了解零售业书籍请扫二维码

"服务的细节" 系列

书　名	ISBN	定　价
服务的细节：卖得好的陈列	978-7-5060-4248-2	26元
服务的细节：为何顾客会在店里生气	978-7-5060-4249-9	26元
服务的细节：完全餐饮店	978-7-5060-4270-3	32元
服务的细节：完全商品陈列115例	978-7-5060-4302-1	30元
服务的细节：让顾客爱上店铺1——东急手创馆	978-7-5060-4408-0	29元
服务的细节：如何让顾客的不满产生利润	978-7-5060-4620-6	29元
服务的细节：新川服务圣经	978-7-5060-4613-8	23元
服务的细节：让顾客爱上店铺2——三宅一生	978-7-5060-4888-0	28元
服务的细节009：摸过顾客的脚，才能卖对鞋	978-7-5060-6494-1	22元
服务的细节010：繁荣店的问卷调查术	978-7-5060-6580-1	26元
服务的细节011：菜鸟餐饮店30天繁荣记	978-7-5060-6593-1	28元
服务的细节012：最勾引顾客的招牌	978-7-5060-6592-4	36元
服务的细节013：会切西红柿，就能做餐饮	978-7-5060-6812-3	28元
服务的细节014：制造型零售业——7-ELEVEn的服务升级	978-7-5060-6995-3	38元
服务的细节015：店铺防盗	978-7-5060-7148-2	28元
服务的细节016：中小企业自媒体集客术	978-7-5060-7207-6	36元
服务的细节017：敢挑选顾客的店铺才能赚钱	978-7-5060-7213-7	32元
服务的细节018：餐饮店投诉应对术	978-7-5060-7530-5	28元
服务的细节019：大数据时代的社区小店	978-7-5060-7734-7	28元
服务的细节020：线下体验店	978-7-5060-7751-4	32元
服务的细节021：医患纠纷解决术	978-7-5060-7757-6	38元
服务的细节022：迪士尼店长心法	978-7-5060-7818-4	28元
服务的细节023：女装经营圣经	978-7-5060-7996-9	36元
服务的细节024：医师接诊艺术	978-7-5060-8156-6	36元
服务的细节025：超人气餐饮店促销大全	978-7-5060-8221-1	46.8元

书　名	ISBN	定　价
服务的细节026：服务的初心	978-7-5060-8219-8	39.8元
服务的细节027：最强导购成交术	978-7-5060-8220-4	36元
服务的细节028：帝国酒店　恰到好处的服务	978-7-5060-8228-0	33元
服务的细节029：餐饮店长如何带队伍	978-7-5060-8239-6	36元
服务的细节030：漫画餐饮店经营	978-7-5060-8401-7	36元
服务的细节031：店铺服务体验师报告	978-7-5060-8393-5	38元
服务的细节032：餐饮店超低风险运营策略	978-7-5060-8372-0	42元
服务的细节033：零售现场力	978-7-5060-8502-1	38元
服务的细节034：别人家的店为什么卖得好	978-7-5060-8669-1	38元
服务的细节035：顶级销售员做单训练	978-7-5060-8889-3	38元
服务的细节036：店长手绘　POP引流术	978-7-5060-8888-6	39.8元
服务的细节037：不懂大数据，怎么做餐饮？	978-7-5060-9026-1	38元
服务的细节038：零售店长就该这么干	978-7-5060-9049-0	38元
服务的细节039：生鲜超市工作手册蔬果篇	978-7-5060-9050-6	38元
服务的细节040：生鲜超市工作手册肉禽篇	978-7-5060-9051-3	38元
服务的细节041：生鲜超市工作手册水产篇	978-7-5060-9054-4	38元
服务的细节042：生鲜超市工作手册日配篇	978-7-5060-9052-0	38元
服务的细节043：生鲜超市工作手册之副食调料篇	978-7-5060-9056-8	48元
服务的细节044：生鲜超市工作手册之POP篇	978-7-5060-9055-1	38元
服务的细节045：日本新干线7分钟清扫奇迹	978-7-5060-9149-7	39.8元
服务的细节046：像顾客一样思考	978-7-5060-9223-4	38元
服务的细节047：好服务是设计出来的	978-7-5060-9222-7	38元
服务的细节048：让头回客成为回头客	978-7-5060-9221-0	38元
服务的细节049：餐饮连锁这样做	978-7-5060-9224-1	39元
服务的细节050：养老院长的12堂管理辅导课	978-7-5060-9241-8	39.8元
服务的细节051：大数据时代的医疗革命	978-7-5060-9242-5	38元
服务的细节052：如何战胜竞争店	978-7-5060-9243-2	38元
服务的细节053：这样打造一流卖场	978-7-5060-9336-1	38元
服务的细节054：店长促销烦恼急救箱	978-7-5060-9335-4	38元

书 名	ISBN	定 价
服务的细节055：餐饮店爆品打造与集客法则	978-7-5060-9512-9	58元
服务的细节056：赚钱美发店的经营学问	978-7-5060-9506-8	52元
服务的细节057：新零售全渠道战略	978-7-5060-9527-3	48元
服务的细节058：良医有道：成为好医生的100个指路牌	978-7-5060-9565-5	58元
服务的细节059：口腔诊所经营88法则	978-7-5060-9837-3	45元
服务的细节060：来自2万名店长的餐饮投诉应对术	978-7-5060-9455-9	48元
服务的细节061：超市经营数据分析、管理指南	978-7-5060-9990-5	60元
服务的细节062：超市管理者现场工作指南	978-7-5207-0002-3	60元
服务的细节063：超市投诉现场应对指南	978-7-5060-9991-2	60元
服务的细节064：超市现场陈列与展示指南	978-7-5207-0474-8	60元
服务的细节065：向日本超市店长学习合法经营之道	978-7-5207-0596-7	78元
服务的细节066：让食品网店销售额增加10倍的技巧	978-7-5207-0283-6	68元
服务的细节067：让顾客不请自来！卖场打造84法则	978-7-5207-0279-9	68元
服务的细节068：有趣就畅销！商品陈列99法则	978-7-5207-0293-5	68元
服务的细节069：成为区域旺店第一步——竞争店调查	978-7-5207-0278-2	68元
服务的细节070：餐饮店如何打造获利菜单	978-7-5207-0284-3	68元
服务的细节071：日本家具家居零售巨头NITORI的成功五原则	978-7-5207-0294-2	58元
服务的细节072：咖啡店卖的并不是咖啡	978-7-5207-0475-5	68元
服务的细节073：革新餐饮业态：胡椒厨房创始人的突破之道	978-7-5060-8898-5	58元
服务的细节074：餐饮店简单改换门面，就能增加新顾客	978-7-5207-0492-2	68元
服务的细节075：让POP会讲故事，商品就能卖得好	978-7-5060-8980-7	68元

书 名	ISBN	定 价
服务的细节076：经营自有品牌	978-7-5207-0591-2	78元
服务的细节077：卖场数据化经营	978-7-5207-0593-6	58元
服务的细节078：超市店长工作术	978-7-5207-0592-9	58元
服务的细节079：习惯购买的力量	978-7-5207-0684-1	68元
服务的细节080：7-ELEVEn的订货力	978-7-5207-0683-4	58元
服务的细节081：与零售巨头亚马逊共生	978-7-5207-0682-7	58元
服务的细节082：下一代零售连锁的7个经营思路	978-7-5207-0681-0	68元
服务的细节083：唤起感动	978-7-5207-0680-3	58元
服务的细节084：7-ELEVEn物流秘籍	978-7-5207-0894-4	68元
服务的细节085：价格坚挺，精品超市的经营秘诀	978-7-5207-0895-1	58元
服务的细节086：超市转型：做顾客的饮食生活规划师	978-7-5207-0896-8	68元
服务的细节087：连锁店商品开发	978-7-5207-1062-6	68元
服务的细节088：顾客爱吃才畅销	978-7-5207-1057-2	58元
服务的细节089：便利店差异化经营——罗森	978-7-5207-1163-0	68元
服务的细节090：餐饮营销1：创造回头客的35个开关	978-7-5207-1259-0	68元
服务的细节091：餐饮营销2：让顾客口口相传的35个开关	978-7-5207-1260-6	68元
服务的细节092：餐饮营销3：让顾客感动的小餐饮店"纪念日营销"	978-7-5207-1261-3	68元
服务的细节093：餐饮营销4：打造顾客支持型餐饮店7步骤	978-7-5207-1262-0	68元
服务的细节094：餐饮营销5：让餐饮店坐满女顾客的色彩营销	978-7-5207-1263-7	68元
服务的细节095：餐饮创业实战1：来，开家小小餐饮店	978-7-5207-0127-3	68元
服务的细节096：餐饮创业实战2：小投资、低风险开店开业教科书	978-7-5207-0164-8	88元

书 名	ISBN	定 价
服务的细节097：餐饮创业实战3：人气旺店是这样做成的！	978-7-5207-0126-6	68元
服务的细节098：餐饮创业实战4：三个菜品就能打造一家旺店	978-7-5207-0165-5	68元
服务的细节099：餐饮创业实战5：做好"外卖"更赚钱	978-7-5207-0166-2	68元
服务的细节100：餐饮创业实战6：喜气的店客常来，快乐的人福必至	978-7-5207-0167-9	68元
服务的细节101：丽思卡尔顿酒店的不传之秘：超越服务的瞬间	978-7-5207-1543-0	58元
服务的细节102：丽思卡尔顿酒店的不传之秘：纽带诞生的瞬间	978-7-5207-1545-4	58元
服务的细节103：丽思卡尔顿酒店的不传之秘：抓住人心的服务实践手册	978-7-5207-1546-1	58元
服务的细节104：廉价王：我的"唐吉诃德"人生	978-7-5207-1704-5	68元
服务的细节105：7-ELEVEn一号店：生意兴隆的秘密	978-7-5207-1705-2	58元
服务的细节106：餐饮连锁如何快速扩张	978-7-5207-1870-7	58元
服务的细节107：不倒闭的餐饮店	978-7-5207-1868-4	58元
服务的细节108：不可战胜的夫妻店	978-7-5207-1869-1	68元
服务的细节109：餐饮旺店就是这样"设计"出来的	978-7-5207-2126-4	68元
服务的细节110：优秀餐饮店长的11堂必修课	978-7-5207-2369-5	58元
服务的细节111：超市新常识1：有效的营销创新	978-7-5207-1841-7	58元
服务的细节112：超市的蓝海战略：创造良性赢利模式	978-7-5207-1842-4	58元
服务的细节113：超市未来生存之道：为顾客提供新价值	978-7-5207-1843-1	58元
服务的细节114：超市新常识2：激发顾客共鸣	978-7-5207-1844-8	58元
服务的细节115：如何规划超市未来	978-7-5207-1840-0	68元

书　名	ISBN	定　价
服务的细节116：会聊天就是生产力：丽思卡尔顿的"说话课"	978-7-5207-2690-0	58元
服务的细节117：有信赖才有价值：丽思卡尔顿的"信赖课"	978-7-5207-2691-7	58元
服务的细节118：一切只与烤肉有关	978-7-5207-2838-6	48元
服务的细节119：店铺因顾客而存在	978-7-5207-2839-3	58元
服务的细节120：餐饮开店做好4件事就够	978-7-5207-2840-9	58元
服务的细节121：永旺的人事原则	978-7-5207-3013-6	59.80元
服务的细节122：自动创造价值的流程	978-7-5207-3022-8	59.80元
服务的细节123：物流改善推进法	978-7-5207-2805-8	68元
服务的细节124：顾客主义：唐吉诃德的零售设计	978-7-5207-3400-4	59.80元
服务的细节125：零售工程改造老化店铺	978-7-5207-3401-1	59.90元
服务的细节126："笨服务员"解决术1：服务的分寸感	978-7-5207-3559-9	58.00元
服务的细节127："笨服务员"解决术2：培养有"眼力见"的员工	978-7-5207-3560-5	58.00元
服务的细节128："笨服务员"解决术3：服务礼仪，就这样做、这么想	978-7-5207-3561-2	58.00元
服务的细节129："笨服务员"解决术4：治愈顾客情绪	978-7-5207-3562-9	58.00元
服务的细节130："笨服务员"解决术5：捕捉顾客的真实想法	978-7-5207-3563-6	58.00元
服务的细节131：我是厨师，我想开自己的店	978-7-5207-3569-8	59.80元
服务的细节132：餐饮店"零成本策略"：不花一分钱的揽客妙招	978-7-5207-2125-7	59.80元
服务的细节133：新医患纠纷解决术	978-7-5207-3998-6	68.00元
服务的细节134：增加顾客的34则话术	978-7-5207-4054-8	58.00元

书　名	ISBN	定　价
服务的细节135：牙科诊所创业	978-7-5207-4011-1	58.00元
服务的细节136：提高成交率的50个销售技巧	978-7-5207-4053-1	58.00元

图字：01-2023-2405 号

OKYAKUSAMA NI IYAGARARERU SEKKYAKU
YOROKOBARERU SEKKYAKU written by Emi Hirayama, illustrated by Kenta Kitahara
Text copyright © Emi Hirayama 2021 Illustrations copyright © Kenta Kitahara 2021
All rights reserved.
Original Japanese edition published by Nippon Jitsugyo Publishing Co., Ltd., Tokyo.
This Simplified Chinese language edition published by arrangement with
Nippon Jitsugyo Publishing Co., Ltd., Tokyo in care of Tuttle-Mori Agency, Inc.,
Tokyo through Hanhe International (HK) Co., Ltd.

图书在版编目（CIP）数据

提高成交率的50个销售技巧／（日）平山枝美 著；
韩冰 译. -- 北京：东方出版社，2025.2. --（服务的
细节）. -- ISBN 978-7-5207-4053-1

Ⅰ.F713.3
中国国家版本馆CIP数据核字第2024ES3020号

服务的细节136：提高成交率的50个销售技巧
（FUWU DE XIJIE 136：TIGAO CHENGJIAOLÜ DE 50GE XIAOSHOU JIQIAO）

作　　者：	[日] 平山枝美
译　　者：	韩　冰
责任编辑：	高琛倩
出　　版：	东方出版社
发　　行：	人民东方出版传媒有限公司
地　　址：	北京市东城区朝阳门内大街166号
邮　　编：	100010
印　　刷：	优奇仕印刷河北有限公司
版　　次：	2025年2月第1版
印　　次：	2025年2月第1次印刷
开　　本：	880毫米×1230毫米　1/32
印　　张：	7.875
字　　数：	137千字
书　　号：	ISBN 978-7-5207-4053-1
定　　价：	58.00元
发行电话：	(010) 85924663　85924644　85924641

版权所有，违者必究

如有印装质量问题，我社负责调换，请拨打电话：(010) 85924602　85924603